von Doris zu
Weihnachten 93/94

DIE UNBEKANNTE DIMENSION

ANIA TEILLARD

DIE UNBEKANNTE DIMENSION

Entdeckung verborgener Sphären und Welten

2. Auflage

REICHL VERLAG
DER LEUCHTER
ST. GOAR

Schutzumschlag: Christian Wiegandt, Alfter

2. Auflage, 4. – 5. Tausend

Gesamtherstellung: Verlagsdruckerei Otto Zluhan, Bietigheim
Gedruckt auf säurefreiem, alterungsbeständigen Papier

ISBN 3-87667-006-3

I

EINLEITUNG

Diese Niederschrift ist die Frucht innerer Erfahrungen, die sich im Laufe von Jahren zu Entdeckungen anderer Welten erweiterten.

Es ist gar nicht leicht und oft nicht angenehm, derartige Erlebnisse zu berichten. Aber ich bemerke andrerseits, daß die Dinge sich um so klarer darstellen, je intensiver sie erlebt wurden, je unmittelbarer sie an das Innerseelische angeschlossen sind. Außerdem sind es ja auch die einzigen Fakten, für die wir völlig einstehen können.

Das Buch berichtet Träume und Visionen, Einfälle und Geschichten. Diese Dinge wollten ausgesprochen sein, sie konnten aber nicht auf eine Formel gebracht werden. Es handelt sich um die Auseinandersetzung mit einem überwältigenden Erlebnis, nicht um eine gewonnene Erkenntnis, geschweige denn um eine Lehre. Das Band, das so Verschiedenes verknüpft, ist das irrationale Erfassen einer Welt, die mit den äußeren Sinnen nicht erkennbar ist.

Mein einziges Bestreben ist, mich der äußersten Genauigkeit zu befleißigen in der Wiedergabe dessen, was mir geschah. Nur so, indem ich das Erlebte niederschrieb, konnte ich es ertragen. Es war dies meine Art, das Unsagbare ins Menschliche zu übersetzen.

Natürlich geschehen solche Einbrüche anderer Welten oder Sphären in die unsere, die man wohl parapsychologische Erfahrungen nennen kann, nicht von ungefähr. Sie wollen etwas sagen, sie reden uns an. Und tief innen wissen wir, was die Botschaft bedeutet.

Alle meine Erfahrungen hatten einen persönlichen und einen überpersönlichen Sinn. Sie griffen immer über das Zeitliche hinaus. Aber hätte ich diese Einbrüche verstehen können, überhaupt einen Anschluß an das Unbekannte finden können, wenn es sich nicht selbst in mein tägliches Leben eingefügt hätte?

Die Botschaften oder Erscheinungen — welcher Art sie auch waren — richteten sich an mich, an einen suchenden, leidenden weiblichen Menschen, nicht an ein objektiv registrierendes Gehirn. Der ganze Mensch war aufgerufen — und die ganze Seele gab sich hin.

Aber lange Zeit hindurch bezog ich mich dennoch nicht ein, ich erfuhr Dinge, die ich interessant, ja, berauschend fand, ich stillte meinen Wissensdurst, aber ich wuchs nicht an meinen Erfahrungen. Es hat Jahre gebraucht, bis ich einigermaßen begriff, was mir geschah. Und auch heute bin ich sicher, nicht alles, was ich erlebte, zu verstehen.

Eines ist mir klar: die seelische Entwicklung, die mit der Tiefenanalyse angefangen hatte, setzte sich auf eigene Weise fort. Doch jahrelang sträubte ich mich, oder war unfähig, das Vorhandensein anderer Welten anzuerkennen, trotz überwältigender Visionen und anderer übersinnlicher Phänomene. Die Wesen der anderen Welt haben sich eine unsägliche Mühe gegeben, mich von ihrer Wirklichkeit zu überzeugen.

Ich kann durchaus nicht sagen, was diese jenseitigen Welten sind, ich habe aber ihre Erscheinungen mit solcher Deutlichkeit erfahren, daß ich versuchen will, diese Phänomene zu skizzieren.

Selbstverständlich sehe ich die Tiefenpsychologie jetzt in einem neuen Licht. Muß ich hier betonen, wie schwer es mir geworden ist, mich aus manchen erworbenen Vorstellungen, die fast zu Dogmen für mich geworden waren, zu einem eigenen Weltbild durchzuringen?

Vor der Welt der Götter, Engel und Dämonen, die sich vor meinem Blick entrollte, hielt meine psychologische Auffassung aber nicht stand. So beugte ich mich vor der Evidenz meiner Erfahrungen.

Da war etwas, mit autonomem Sein begabt, das sich offenbarte. Dieser Offenbarungscharakter meiner Erlebnisse war so unmittelbar ergreifend, daß er mich zwang, mich völlig umzustellen.

Ich danke der Tiefenpsychologie, vor allem C. G. Jung unendlich viel und stütze mich immer wieder, in Theorie und Praxis, auf sein Werk. Meine Aufgabe ist es nun, mit Wahrhaftigkeit und Unvoreingenommenheit die psychologischen und die parapsychologischen Phänomene teils von einander abzugrenzen, teils zu vereinen.

Denn viele Erlebnisse haben beide Facetten, haben einen eigenpersönlichen Sinn, der in das psychologische Gebiet gehört, und einen Sinn, der diesen Rahmen durchbricht. Manche Erlebnisse jedoch sind der psychologischen Auslegung verschlossen und werden nur dann deutbar, wenn man über diese hinausgreift.

Meinen Durchbruch in andere Welten danke ich in erster Linie den T r ä u m e n. Ich glaube, daß die Konzentration, mit der ich mich jahrelang auf etwas Unsichtbares einstellte, nämlich auf Träume (die eigenen und die Träume anderer), meine inneren Sinne so schärfte, daß ich mit der Zeit auch unsichtbare Welten zu erfassen imstande war. Mittels der Meditation über Träume und Traumbilder (nach der Jungschen Bildermethode), konnte ich allmählich zur Vision durchbrechen. Ich erkannte mehr und mehr die Übergänge vom Traum zur Vision, von der Vision zur Erscheinung, und die Probleme, die aus diesen Beobachtungen erwuchsen.

Will man versuchen, die Unterschiede zwischen diesen Phänomenen zu umreißen, so könnte man sagen: Im T r a u m ist das Persönliche des Menschen noch enthalten. In der V i s i o n tritt es zurück, wir erfassen etwas außer uns Bestehendes. In der E r s c h e i n u n g aber befinden wir uns einem anderen Wesen leibhaftig gegenüber, das so real ist wie wir selbst. Traum, Vision und Erscheinung unterscheiden sich nach dem Grade ihrer Realität.

Natürlich erwachen gleichzeitig mit dem wachsenden Kontakt mit einem „Drüben", einem „Jenseits", die sogenannten extrasensoriellen Fähigkeiten, wie Gedankenlesen und Telepathie. Das Hellsehen aber blieb in meinem Fall durchaus den höheren Sphären vorbehalten. Auf der Erde wußte ich von zukünftigen Ereignissen wenig. Ich habe das immer als eine Gnade empfunden. Über einige prophetische Träume und Traumserien wird in einem anderen Zusammenhang berichtet.

Von den Problemen, die sich stellen, seien nur einige angeführt. Es ist sehr schwer, die Tragweite eines erlebten Phänomens zu ermessen und dann, das Erlebte in sich wach zu erhalten. Diese Schwierigkeiten bestehen schon beim Festhalten und Deuten eines Traumes.

Bei den Einbrüchen anderer Sphären in die unsere wird das Problem noch brennender. Denn wir stehen da vor einem sekundenlangen Ablauf von Dingen, die im Grunde unermeßlich sind. Wir können bestenfalls einen Bruchteil ihres Sinnes erhaschen. Und doch hat dieses rasend ablaufende Erlebnis etwas Überwältigendes.

Man braucht oft viele Stunden, um eine Vision, die einige Sekunden dauerte, schriftlich festzuhalten, d. h. ihren Sinn herauszukristallisieren. Ein Priester der Ostkirche erzählte mir, daß er für die Niederschrift eines geistigen Erlebnisses sechs Stunden gebraucht habe. Das Erlebnis selbst, das für sein ganzes Leben entscheidend war, hatte sich in wenigen Augenblicken abgerollt.

Je tiefer man eindringt, um so mehr Pforten springen auf. Der Drang, diese Erfahrungen festzuhalten, ist unwiderstehlich. Ich konnte nicht ruhig sein, bis ich nicht eine große Vision schriftlich niedergelegt hatte. Es war eine Qual, etwas anderes zu tun.

Die Übung, die ich im Analysieren von Träumen gewonnen hatte, war mir sehr hilfreich, aber natürlich war ich mir immer bewußt, etwas anderes zu deuten als einen Traum.

Ich glaube, daß man eine Vision, selbst wenn sie ein einmaliges Erlebnis ist, in ähnlicher Weise behandeln sollte wie einen Traum. Das heißt, man sollte den „Kontext“ mit derselben Sorgfalt zusammenstellen: die gesamte seelische Lage in Betracht ziehen, in welcher der Empfänger sich befindet, seine letzten Begegnungen und Gespräche, alle inneren Voraussetzungen, deren wir habhaft werden können.

Oft hängen Träume und Visionen sinngemäß zusammen: ein Traum greift ein Motiv der Vision auf, oder umgekehrt. Was C. G. Jung über die T r a u m s e r i e n sagt und was ich in dem Kapitel über Wahrträume näher ausführe, nämlich, daß Träume untereinander in einem inneren Zusammenhang stehen, gilt auch für die Beziehung zwischen Traum und Vision.

Es ist mir aufgefallen, in der Literatur und in Gesprächen, daß parapsychologische Ereignisse meist als Einzelerscheinungen registiert werden, so, als fielen sie aus dem Gesamtleben des Empfängers wie Fremdkörper heraus. Oder aber es wird versucht, die Vision und die Erscheinung als auf das Leben des Empfängers durchaus bezüglich zu verstehen, ohne ihnen ein Eigenleben zuzuerkennen. Es gibt aber, glaube ich, Manifestationen aus dem Jenseits, die zu groß sind, als daß sie nur an diesen einen Menschen gerichtet sein könnten. Sie durchbrechen jedes menschliche Maß. Dasselbe gilt für die „großen Träume", die kollektive, mitunter kosmische Inhalte haben. Auf jeden Fall wissen wir sehr wenig von der Absicht oder Tragweite eines solchen Geschehens, und größte Behutsamkeit und Bescheidenheit ist geboten.

Meine Jenseitserfahrungen waren immer spontan, immer überraschend. Ich bemühe mich, in diesen Aufzeichnungen die Ursprünglichkeit des Erlebens zu bewahren. Wenn ich Literatur anführe, so geschieht es, um Vergleiche zu ermöglichen und etwaige Übereinstimmungen meiner Erlebnisse mit authentischen Erfahrungen Anderer aufzuzeigen, oder Widersprüche und Unterschiede. Zu meinem Glück fand ich Bestätigungen meiner Schau in den verschiedensten Kulturkreisen und Epochen, in Mythologie und Religion, in der Kunst und in der Dichtung, bis zu den Ergebnissen der modernen experimentalen Parapsychologie. Ich stieß auf eine Urerfahrung des Jenseits, die kaum jemals von der meinigen abwich. Unter den unzähligen Zeugnissen für die Realität der unsichtbaren Welten möchte ich in diesem Zusammenhang nur drei hervorheben: die Werke von Emanuel Swedenborg, von Sri Aurobindo und von Aldous Huxley. Die Bekenntnisse des schwedischen Gelehrten des 18. Jahrhunderts, die Beobachtungen des indischen Weisen und diejenigen unseres Zeitgenossen Huxley stimmen trotz ihrer individuellen Verschiedenheit in den wesentlichen Punkten überein und treffen mit meinen Erfahrungen oft in erstaunlicher Weise zusammen.

Wir verdanken Swedenborg ein Traum-Tagebuch und ein Diarium Spiritualis. Diese Blätter, die nur zum Teil gedruckt werden durften, da die Familie sich einer Veröffentlichung widersetzte, enthalten genaue Beschreibungen der seelischen Zustände dieses universellen Menschen, der nicht nur ein anerkannter Philosoph und Naturforscher, sondern auch ein echter Seher war.

Swedenborg hatte schon in seiner Jugend gefunden, daß der Atem in enger Beziehung zur Entdeckung extrasensorieller Welten steht. Er erfand eine eigene Technik des Zurückhaltens der Atmung, eine Art von Yoga, den er natürlich damals nicht kennen konnte. Auf diese Weise entwickelte er das „innere Sehen“, das er als klarer und wahrer bezeichnet als das gewöhnliche Sehen.

Der Integrale Yoga von Sri Aurobindo hat mir nicht nur wichtige Bestätigungen meiner eigenen extrasensoriellen Erfahrungen gebracht, sondern hat mir auch eine „Anatomie der Seele“ von überraschender Klarheit und Präzision übermittelt. Die Briefe an seine Schüler enthalten Antworten auf die wichtigsten Fragen über visionäre Erfahrungen und Hinweise, wie der Schüler sich beim Einbruch anderer Welten in die unsere zu verhalten habe. Sri Aurobindo sieht bestimmte Visionen mit ihren spezifischen Farben als typische Stadien einer geistigen Entwicklung an.

Ein nachhaltiges Erlebnis waren für mich die Jenseitsschilderungen von Aldous Huxley mit ihren genauen Beschreibungen der Formen, Farben und Düfte der anderen Welt.

Was die folgenden Berichte sagen, wird manchem Leser zu subjektiv, phantastisch, oder dichterisch ausgeschmückt klingen, er wird ein denkerisches System, einen methodischen Aufbau vermissen.

Diese Ordnung könnte man aber in einen solchen Stoff nur bringen, indem man ihn verkleinert, indem man menschliche Vorstellungen hineinträgt, die nicht dazugehören.

Wer kann dem Ozean Ordnung beibringen, oder einem Vulkan? Wir können nur lernen, unsere Barke den Wellen anzupassen und den Ätna von ferne zu beobachten. Vielleicht finden wir eine Gesetzmäßigkeit in seinen Ausbrüchen.

Das Bruchstückhafte meiner Aufzeichnungen liegt im Wesen der Vision. Diese gibt Ausschnitte aus einer vorhandenen Kontinuität, die wir aber in ihrer Gesamtheit nicht kennen. Wir können aus den gesehenen oder erlebten Teilerscheinungen auf das Ganze Schlüsse ziehen. Wenn wir die Totalität des Jenseits erkennen könnten, wären wir keine Menschen. Ich habe äußerste Vorsicht geübt im Aussprechen und Nicht-Aussprechen der Dinge, die mir offenbart wurden, habe voreilige Schlüsse möglichst vermieden und habe auch nicht versucht, die vorhandenen Lücken durch Gelesenes und Gehörtes aufzufüllen. Ich habe Visionen empfangen wie Träume und habe sie ungefähr zwanzig Jahre hindurch unmittelbar nach dem Erlebnis aufnotiert. Die Erscheinungen nehmen eine Sonderstellung ein.

In diesem Buch sind, wie in meinem Leben, das Wahrscheinliche und das Unwahrscheinliche unauflöslich ineinander verwirkt. Aber alles, was hier berichtet wird, ist wahr, erlebt, von mir selbst und von Menschen, deren Wahrhaftigkeit sich bewährt hatte. Nichts ist erfunden — und wer könnte auch derartige Erlebnisse erfinden?

Es soll versucht werden, eine Deutung von Träumen und Visionen und verwandten Phänomenen zu geben, die, von einer psychologischen Basis ausgehend, auch parapsychologischen Auffassungen Raum läßt.*)

*) Die theosophische und anthroposophische Literatur, die das Jenseits behandelt, ist mir zum großen Teil bekannt. Ich habe

Die Alten, über die der Psychologe sich so oft erhaben dünkt, sahen Träume und Visionen als Botschaften der Götter an. Die moderne Psychologie betrachtet sie als Produkte des Unbewußten des Menschen. Sollten sie aber vielleicht wirklich Boten von höheren Welten sein?

Diese Schrift ist entstanden aus dem unabweisbaren Bedürfnis nach Transzendenz, ist ein Beitrag zu den unzähligen Zeugnissen der Seele auf der Suche nach ihrer Heimat.

Hier sei eine Stelle aus dem außerordentlichen Buch „Essais sur l'Expérience Libératrice" von Roger Godel angeführt:

„Wenn es sich erweist, daß die Seele sich um einen transzendenten Schwerpunkt bewegt, dann erschiene uns die menschliche Kondition in einem neuen Licht. Die Existenz dieses polarisierenden Kraftfeldes stellt ein positives Element für das psychische Gleichgewicht dar. Sein Wert für die Autoregulation — wie man in der Physiologie zu sagen pflegt — wird sofort augenfällig. Vielleicht kommt daher der Friede, der das Ego transzendiert ..."

bei Leadbeater, Annie Besant und Rudolf Steiner viele Beobachtungen gefunden, die den meinen gleichen. In wesentlichen Punkten gehen unsere Auffassungen aber auseinander. Übungen, die zur Erkenntnis höherer Welten führen sollen, wie Steiner sie vorschreibt, habe ich niemals gemacht, wohl aber die ersten Atemübungen des Yoga, die ein Swâmi mir zeigte.

II

TRAUM UND VISION

Wenn wir annehmen, daß es nicht die Psyche des Sehenden ist, die vor ihm erscheint, oder nicht nur das scheinwerferhaft hinausgeworfene Innere des Menschen, stellt sich die Frage: Wer erscheint da? Wem begegnen wir „da draußen"?

Sobald wir den rein psychologischen Boden verlassen und überzeugt sind, in Visionen und Erscheinungen nicht nur den Projektionen unseres Unbewußten zu begegnen, eröffnet sich eine neue Welt, die noch viel wunderbarer ist, als die Welt der Träume, dann treffen unsere Erlebnisse mit den mystisch-religiösen Erfahrungen aus allen Epochen und in der ganzen Welt zusammen.

Das Wesen dieser offenbarten Welt, sowie die Voraussetzungen zu ihrer Schau wollen wir nun näher beleuchten.

Wir erinnern uns an einen Traum nachträglich, nach dem Erwachen. Es handelt sich hier um zwei Bewußtseinszustände, die zeitlich aufeinander folgen, und die ganz verschieden sind. Das Bewußtsein, wenn es überhaupt den Traum festhalten kann, erinnert Erlebnisse, zum Teil in lückenloser Folge, zum Teil nur bruchstückhaft und oftmals wie verschleiert.

Selbst wenn der Träumer die nächtlichen Erlebnisse sofort nach dem Erwachen aufschreibt, wie schon Paracelsus empfiehlt, dringt etwas Fremdes, das nicht der Traum ist, nämlich das Wachbewußtsein, in den Bericht. Das ist bekannt, und diese Zensur hat oft als Einwand gegen die Authentizität des Traumes gedient.

Hinsichtlich der Vision liegen die Dinge völlig anders: das Bewußtsein ist wach, es nimmt unmittelbar, noch während des Erlebens, an dem Geschehen Anteil. Mehrere Bewußtseinsschichten treten gleichzeitig in Aktion, zwei, drei, vier verschiedene Lagen.

Ich habe beobachtet, daß ich im Zustand der Vision bewußter war als im Alltagsleben. Ich sah klarer, ich erfaßte rascher, was ich sah, ich erkannte mit unerhörter Schnelligkeit gleichzeitig die Form der Erscheinung und ihren Sinn.

Dieses Sehen ist nicht mit Imagination zu verwechseln. Das Ich hat eine andere Position bei der Imagination als bei der Schau. Die Imagination kann man willentlich hervorrufen, die Vision aber nicht.

Es ist hier in erster Linie die „aktive Imagination“ gemeint, die im Laufe einer analytischen Behandlung in manchen Fällen erlebt wird, und die Imagination, die im „Rêve éveillé“ von Robert Desoille*) geübt wird.

Was die dichterische Imagination betrifft, so glaube ich, daß alle große Dichtung, alle große Kunst, geschaut worden ist.

Meine Jenseitserfahrungen veränderten meine Auffassung vom Wesen des Symbols. Vieles, was ich für symbolische Bilder gehalten hatte, enthüllte sich als lebendige, wirkende Realität.

Ein Engel ist nicht nur ein Symbol der Reinheit, sondern er lebt in anderen Sphären, nur ist er aus einer anderen Substanz gebildet als der unsrigen. Sein Wesen ist von manchen Sehern erfaßt worden und dadurch zum Symbol gestempelt. Die Frage, woher die Symbole kommen, die Kunst und Dichtung, ebenso wie unsere Träume, bevölkern, kann ich nur so beantworten: sie sind ein Widerschein von Dingen, die im Jenseits existieren.

Das Genie hat immer den unmittelbaren Kontakt mit der jenseitigen Welt, es ist das Gefäß für die Eingebungen von Drüben. Dichter und Seher, das liegt nahe beisammen und war im Altertum oft in derselben Person vereinigt.

Darum, weil er in der Wahrheit ist, glaubt der geniale Mensch an sein Werk. Glaubt man denn an sich selbst? Man glaubt an das, was durch einen hindurchklingt.

*) Robert Desoille, „Le Rêve Eveillé“, Ed. des Presses Universitaires, Paris 1958.

Es erhebt sich die Frage, wie man echte Visionen von Halluzinationen unterscheidet.

Da gibt es unverkennbare Unterschiede. Wie an anderer Stelle ausgeführt wird, sind die Farben einer echten Vision unvergleichlich leuchtender und ausdrucksvoller als alle Farben auf der Erde. Hier stimmen meine Erfahrungen mit den Beobachtungen von Aldous Huxley in wesentlichen Punkten überein. Es kommt das Phänomen des Duftes hinzu, das aus den Berichten der Heiligen wohlbekannt ist, und noch ein anderes Element, das Pater Gebhard Frei betont: Die echte Vision, die aus anderen Welten stammt, erleuchtet, sie stärkt uns, sie erhebt den Menschen über sich selbst hinaus, sie hat eine ethische Gültigkeit, die eine vom Ich stammende Halluzination nicht haben kann. Entscheidend ist also die Qualität einer Vision.

Es ist mir aufgefallen, daß viele Menschen Visionen erleben, Einbrüche einer anderen Welt, die sie mit Träumen verwechseln. Sobald sie erfahren, daß es auf diesen Gebieten noch andere Erfahrungsquellen gibt als Träume, sind sie erleichtert und beglückt.

Die kleinen, scharf konturierten, stark farbigen, sogenannten hypnagogischen Bilder, die sich häufig vor dem Einschlafen einstellen, halte ich u. U. für kurze Einbrüche einer anderen Sphäre in die unsere. Meiner Erfahrung nach handelt es sich hier meist um Landschaften, die mit dem täglichen Leben der betreffenden

Person nichts zu tun haben und sich jeder analytischen Deutung entziehen.

Es gibt farbige Visionen und Visionen in Schwarz und Weiß. Fast immer waren die Wesen, die ich sah, überaus farbkräftig, plastisch und lebendig. Manche bewegten sich, andere waren statisch.

Die Erscheinungen können so wirklich sein wie lebendige Menschen. Man hat den Eindruck, daß jemand ins Zimmer tritt, oder an der Wand steht.

Es gibt aber auch Phänomene, die weniger deutlich sind, und andere Erlebnisse sind eher ein Wissen, daß jemand Fremdes vorhanden ist. Die Atmosphäre im Raum hat sich verändert.

Manche Visionen waren winzig klein, scharf umrissen, wie Miniaturen, auf Perlmutter gemalt, andere überlebensgroß und manche, nach unseren Maßen, von normaler Lebensgröße oder etwas größer.

Es gab Visionen, die wie ein Filmband abrollten und in unfaßlicher Geschwindigkeit ein ganzes Leben darstellten, vom kleinen Kind zum erwachsenen Menschen, in allen Phasen, oder auch umgekehrt, vom Erwachsenen zum winzigen Säugling. Ich konnte die Phänomene nicht herbeirufen; mein Wille war hier machtlos. Aber meine Einstellung trug dazu bei, daß sie kamen. Ich konnte sie herbeisehnen.

Es ist mir unmöglich, zu sagen, was diese Visionen sind, oder wie sie erzeugt werden, ich kann nur das Erlebnis schildern.

Ich weiß mit untrüglicher Sicherheit, daß ich die Welten, die da vor mir erstanden oder in die ich untertauchte, nicht meinerseits produzierte. Diese Vorstellung erscheint mir grotesk. Das, was mir begegnete, hatte eine Existenz, die von meiner Wahrnehmung völlig unabhängig war. Es wäre Hybris, anzunehmen, daß man solche Welten erzeugen könnte.

Es zerriß oft vor meinen Augen ein Schleier, und es erschien ein Wesen, oder eine Landschaft, eine Stadt, oder ganze Szenen, denen ich beiwohnte. Manchmal nahm ich aktiv teil an dem Geschehen, in anderen Fällen blieb ich mein irdisches Ich und sah von der Erde aus zu. Oft erschienen zuerst Lichtflecken, dicht vor meinen Augen, oder entfernter, an der Wand. Aus diesen hellen oder auch dunklen Flecken, die sich bewegten, und zwar meistens kreisend, entstanden die Wesen oder Welten, die mir erschienen.

Mehrmals sah ich mächtige, leuchtende Tafeln, auf denen mit riesigen Antiqualettern eine Inschrift stand. Sie war in alle Ewigkeit hier aufbewahrt. Obwohl ich die Sprache nicht kannte, verstand ich den Sinn dieser Aufzeichnungen.

Mehrmals sah ich biblische Landschaften, heiße, öde, trockene Wege, oder auch felsige Gegenden, Dünen, grüne, blumige Wiesen, südliche Häfen mit ihrem farbigen Leben, kurz, alles, was es auf der Erde gibt.

Manchmal hatten die Landschaften auch einen phantastischen Charakter; immer waren sie vollendeter in

Form und Farbe, in Licht und Bewegung, als alle Länder auf der Erde.

Die Eigenart dieser Gegenden war so ausgesprochen, so unverwechselbar mit anderen, daß ich immer wußte, wo ich mich befand.

Ich war aber nicht immer auf der Erde. Ich war aufgestiegen in eine Sphäre, die dem irdischen Griechenland entsprach und von der unser Griechenland der hiesige Abdruck ist.

Wie soll ich das erklären? Was ich erfuhr, war das Urbild von Delphi oder Nazareth oder von einem anderen, vorhandenen Ort. Manchmal war ich aber auch auf der Erde in andere Gegenden versetzt.

Die Historie war zeitlos geworden: so sah ich Judas Ischariot, mager, knochig, mit spitzem Bart, der einsam auf einer staubigen Straße dahinschritt, innehielt und seine Sandalen fester schnürte.

In dieser Gestalt war blitzhaft alles enthalten, was „Judas" heißt, es war die letzte Kondensation von Verzweiflung, Verlorenheit, Reue und Verrat. Aber die Gestalt war gleichzeitig groß, da war nichts mittelmäßiges. Judas Ischariot, ein tragisches Schicksalsinstrument, schritt dahin.

Ein anderes Mal sah ich einen Lama in Tibet.

Ich ging einen schmalen, eisigen Weg hinan, der in einer ungeheuren Berglandschaft in den hohen Schnee gegraben war, und am Anfang dieses Pfades saß jener uralte Mann. Nie habe ich ein ähnliches Antlitz gesehen, so aller menschlichen Regung bar, so entblößt jeden Gefühls, jeder Liebe, Zuneigung oder auch Haß, von so übermenschlicher Objektivität.

Was sich da in den Sphären aufrollte, war nichts weniger als ein Welttheater, ein Ablauf von unfaßlicher Dimension. Steinchen fügte sich zu Steinchen, zu einem unerhörten Mosaik, und wo eine Lücke sich zeigte, da wurde sie eines Tages aufgefüllt.

Was zuerst noch persönliche Untertöne hatte, entfernte sich stündlich mehr von unseren üblichen Gedanken und Vorstellungen. Ich wohnte einer Art Götterdämmerung bei, ich beobachtete den Gestaltenwandel der Götter, so nahe, wie ich Menschen sehe — und gleichzeitig waren die Wesen unerreichbar fern.

Jede Regung meiner Seele wurde aufgenommen, aber tausendfach verstärkt und hallte mit, in einer kosmischen Symphonie.

Ich glaube, daß man bei diesen Erfahrungen nicht von Bewußtseinsspaltung reden kann, denn mein Bewußtsein blieb intakt. Ich erlebte auch keine Veränderung der konkreten Umgebung, wie sie von Autoren geschildert wird, die Versuche mit Meskalin, Opium oder Haschisch gemacht haben, wie Peter Ringger und Henri Michaux. Ich befand mich, wie ich es gewohnt war, in der irdischen Umwelt, zu Hause, unter vertrauten Gegenständen, auf dem Lande, in der Stadt, bei Freunden, im Hotel. Das alles schien den Wesen, die mich besuchten, gleichgültig zu sein.

Es kam in erster Linie auf meine Einstellung an. Natürlich war eine gewisse Ruhe, auch in der Umwelt, erforderlich. Ich gab auch keine Substanz von mir ab, wie Medien es tun, wenn sie Materialisationen erzeugen — im Gegenteil, es kam etwas hinzu. Ich war niemals in Trance.

Hier muß ich eine Einschränkung machen: Wenn ich Verstorbene erblickte, so war ich hinterher ermüdet. Diese nahmen anscheinend Lebenskraft von mir, um sich zu materialisieren. Wenn ich hingegen überirdische Wesen sah, war ich erfrischt. Die Klarheit des Bewußtseins aber war in allen Fällen dieselbe.

Es sind mir übrigens in all den Jahren, in denen ich mit dem Jenseits eng verbunden lebte, nur wenige Verstorbene erschienen, dagegen hunderte von Malen außerirdische Wesenheiten. Diese waren in den allermeisten Fällen wohlwollend und herrlich anzusehen. Ich habe nur zwei wirklich erschreckende Erlebnisse gehabt.

Apporte oder sonstige telekinetische Phänomene habe ich niemals erlebt. Es ist aber häufig vorgekommen, daß es in den Wänden oder Möbeln knackte oder krachte, wenn ich mir bestimmte jenseitige Wesen vorstellte und mich innerlich mit ihnen in Verbindung setzte. Diese Geräusche haben auch andere Personen, die der Parapsychologie fernstanden, gehört, und ich habe bemerkt, daß sie diese Laute von einem gewöhnlichen Geräusch instinktiv unterschieden und daß sie ihnen unheimlich waren.

Ich suche Vergleiche zu finden, um meine übersinnlichen Erlebnisse verständlich zu machen.

Vor vielen Jahren wohnte ich in Berlin einer Aufführung des Dramas „Rasputin“ bei, von Erwin Piscator inszeniert, ein Eindruck, der mir unvergeßlich ist.

Die Schauspieler bewegten sich, wie üblich, auf der Bühne, sie stellten das Schicksal des Magiers Rasputin und des russischen Kaiserhauses dar. Dahinter und darüber aber rollten Filme ab, die gleichzeitig das Weltgeschehen reproduzierten.

Theaterstück und Film spielten in anderer Zeit und anderem Raum, sie waren von gänzlich verschiedener Substanz und Dimension, und doch gehörten sie zusammen, ja, sie bedingten einander.

Die Schauspieler lebten da vor uns, in Fleisch und Blut; der Film, damals farblos, war luftiger, leichter, er bewegte sich geschwinder als die Personen auf der Bühne.

Erst das Zusammenspiel der verschiedenen Sphären ergab das vollständige Bild des Lebens: Die politischen Ereignisse in der Außenwelt erschienen im Film, das innerpsychische Erleben der Menschen in den Emotionen der tragenden Personen des Dramas.

Man stelle sich nun einen zweiten Film vor, der noch schneller als der erste abläuft und der den kosmischen Hintergrund, etwa in Form von Wolken oder Wind, darstellt. Beide Filme sind von Tönen und Düften begleitet. Im letzten Film wird Unsagbares ausgedrückt, das sich nur in Form von Musik und Duftvibrationen darstellen kann.

Der Beschauer dieses Schauspiels war ich. In der Vision ist das Ich auch der Betrachter; es erhält seine Einheit intakt. Es weiß genau, daß der Körper ausgestreckt daliegt, daß es um ihn herum dunkel oder hell ist. Das Ich mit seinen Sinnen hört draußen die Vögel singen, oder eine Glocke schlagen, den Lärm der Straße, oder sonst ein Geräusch, und doch teilt es die Seelenregungen der Wesen in den anderen Sphären; das Ich ist mitgerissen wie im Theater, nur in viel intensiverer Weise. Dieses Ich kann auch auf die Bühne springen und selbst für Augenblicke eine Rolle spielen.

Eine gewisse S i m u l t a n e i t ä t erleben wir ja ständig: wir spüren gleichzeitig Regungen des Körpers, wie Hunger oder Durst, und außerdem die Skala aller menschlichen Gefühle, wie Sehnsucht, Zuneigung und Trauer. Dabei kommt für manche Menschen noch eine Dimension des Erlebens hinzu. Diese Gleichzeitigkeit habe ich häufig erlebt, und ich halte diese Erfahrung für wichtig. Wir können mittels der verschiedenen Ebenen (oder Körper) im Menschen mit den entsprechenden Ebenen außer uns kommunizieren.

Ich möchte den Vergleich noch weiter treiben: die Schauspieler, Kaiser und Kaiserin, Hofleute und Soldaten erkennen nicht, was die Filme darstellen, sie blicken nicht auf, sie sind kurzsichtig oder halb blind.

Rasputin aber, den man einen Magier oder sogar einen Dämon genannt hat, besitzt weitsichtige Augen und schärfere Ohren als die anderen Mitspielenden. Er blickt von Zeit zu Zeit auf den sich bewegenden Hintergrund, er spitzt die Ohren und plötzlich ruft er: „Habt Ihr nicht eben das Rollen eines Wagens gehört, und ein Weinen, da, hinter uns, oder über uns? Welch ein furchtbarer Brandgeruch! Da, seht Ihr nicht das Mädchen im weißen Kleid, das eben vorüberhuscht?"

Die Kurzsichtigen aber lächeln, denn sie wissen nicht, daß ihre Sinne unzulänglich sind, und sie sagen: „Rasputin sieht Gespenster!"

Ich habe erfahren, daß es *verschiedene Ebenen* oder *Sphären* im Weltall gibt, die ihre Entsprechungen im Menschen haben, und habe für diese Ebenen die Bezeichnungen übernommen, die ich aus der Literatur, hauptsächlich der indischen, kannte, um mich verständlich zu machen. Es existieren bestimmt noch höhere Welten, die ich aber nicht kenne. Auf allen diesen Ebenen herrscht eine andere Zeit, als die irdische Uhrenzeit.

Den Zuschauerraum des Piscator-Theaters könnte man die *Körperebene* nennen, die Bühne, die Vital- oder *Astralebene*. Der Film, der das Weltgeschehen darstellt, läuft auf der *Mentalebene* ab; der zweite Film, der das kosmische Geschehen ausdrückt und damit den geheimen Sinn der Handlung, spielt auf der *Kausalebene*. Alle diese Ebenen, Welten und Bewußtseinssphären durchdringen einander und sind gleichzeitig zu erfassen.

Die Filme in unserem Beispiel laufen mit größerer Geschwindigkeit ab als das Spiel des Lebens auf der Bühne. Wenn Rasputin den Film vor seiner Realisierung auf der Erde sieht, so ist seine Vision oder sein Traum prophetisch.

Zeit und Raum

Meine Vorstellungen von Zeit und Raum wurden in ihren Grundfesten erschüttert. Ich lebte in zwei Zeiten, auf der Erde und „Drüben". Der Ablauf, hier und dort, war völlig verschieden: meist, fast immer, rollte sich das Leben drüben in viel größerer Geschwindigkeit ab als das Leben hier, unfaßlich schnell für mein Auffassungsvermögen.

Selbst das Leben drüben vollzog sich in mehreren Zeiten. Manchmal hatte ich das Erlebnis einer einzigen Zeit, die alles einschloß, einer ewigen Gegenwart.

Wenn ich diese Erlebnisse notierte, mußte ich in unsere üblichen Begriffe übersetzen, was sich in anderer Zeit und anderem Raum abspielte. Ich erlebte viele Dinge gleichzeitig, mußte sie aber, um sie festhalten zu können, nacheinander ablaufen lassen.

Es gab auch Bilder — wenn man von Bildern reden darf, denn es sind ja Wirklichkeiten — die vor meinem Auge stehen blieben, solange, bis ich ihren Sinn begriff.

Begreifen — das ist ein ungeheures Wort. Oft scheint es mir, als läge alle Beziehung zwischen den Welten hierin beschlossen. Wir wissen alle, daß es viele Arten oder Stufen des Verstehens gibt: ein intellektuelles Erfassen, das nichts in unserem Leben ändert, und ein emotives Begreifen, das uns im Tiefsten erschüttert, das uns verwandelt.

Im Verlauf einer Analyse des Unbewußten macht man die lebendige Erfahrung dieses Begreifens, das eher ein ‚Ergriffensein' ist. Da geschieht die Verwandlung des bloß Verstandenen in einen seelisch-geistigen Besitz. Dieser Besitz ist ‚Erkenntnis'. Das ist das Gepäck, das wir von der Erde in die Astralwelt hinüber nehmen.

Natürlich erlebte ich die Dinge drüben räumlich. Aber auch diese Räume waren anders als die unsrigen: die Häuser waren richtige Häuser, ebenso die Berge oder Wiesen, sie waren drei-dimensional. Wo aber standen sie? In welchem Raum?

Im Anfang meinte ich, sie befänden sich auf einem anderen Planeten. Dasselbe glaubte Victor Hugo im Anfang seiner okkulten Erfahrungen. Dann erlebte ich, daß Hier und Drüben einander durchdrangen, daß das Jenseits in das Diesseits hineinschnitt. Ich erlebte die Einheit des Raumes ebenso, wie die Einheit der Zeit.

Und doch war die Vorstellung von Zukunft oder Vergangenheit nicht ausgeschlossen. Ich habe oft im

Astralen Zukunftsbilder gesehen, die sich später auf der Erde realisierten. So sah ich Menschen, Unbekannte, denen ich später auf der Erde begegnete. Es gab aber auch Zukunftsbilder, die nur in der Astralwelt Form bekamen, nicht aber in der irdischen Sphäre — oder ihre Verwirklichung blieb mir unbekannt.

Diese Erlebnisse waren viel zu stark, als daß ich sie ständig hätte ertragen können. Es war notwendig, manchmal abzustoppen. Zeitweise hörten die Erfahrungen auch von selber auf. Dann aber war mein Leben flach, seines Sinnes entleert — die Sehnsucht zog neue Erlebnisse heran.

Auf jeden Fall bestand immer eine tiefe Beziehung zwischen meinem Innenleben und den übersinnlichen Erfahrungen: die eigene Zielrichtung zog bestimmte Wesen an und schloß das Erscheinen anderer Wesenheiten aus. Ich war letzten Endes f r e i.

Das Hinaustreten aus dem Körper

Diese Erfahrung habe ich einige Male gemacht, d. h. sie ist mir zugestoßen. Ich sah mich über mir schweben, oder ich erblickte mich von oben, wie ich im Bett lag.

Ich weiß also, daß diese Zustände existieren. Aber ich habe niemals etwas dazu getan, um sie herbeizuziehen.

Das Hinübergehen in andere Sphären kann aber auch auf andere Weise vor sich gehen, nämlich auf einem

Gedankenstrahl (wie einer der Boten aus den anderen Welten sich ausdrückte).

Wie soll man diese Unterschiede erklären?

Der Gedankenstrahl wird ausgesandt, wie irgend ein Gedanke, wenn man sich etwa mit Freunden in Indien oder Australien in Verbindung setzt. Nur wird dieser Gedanke in eine andere Sphäre, nicht in einen anderen Kontinent gerichtet. Plötzlich ist man drüben und sieht Szenen, Landschaften, man lebt ganz selbstverständlich ein anderes Leben mit.

Ich glaube, daß solche Erfahrungen zu den Vorstellungen des Olymp, des Paradieses und der Hölle geführt haben.

Einmal erblickte ich eine wahrhaft olympische Landschaft voll göttlicher Heiterkeit, eine Säulenhalle, eine Amphora, die auf den Stufen stand, eine herrliche Frauengestalt in einem farbigen, griechischen Gewand. Alles war in ein überirdisch strahlendes Licht getaucht.

Hellseher

Wie steht es um die berufsmäßigen Hellseher und Hellseherinnen? Sie sehen Ausschnitte aus der Astralwelt wie Bruchstücke aus einem Film. Diese Teile des Ganzen werden meist „Clichés“ genannt.

Diese Bruchstücke kann man größtenteils nicht kontrollieren, manchmal treffen sie daneben, mitunter sind sie überraschend richtig.

Meist aber sind sie meiner Erfahrung nach unwesentliche Teile des Ganzen, sie ergreifen nicht das Wichtigste in einem Leben. Manchmal sind sie bildhaft deutlich und darum frappant.

Ein kleines Beispiel: eine Hellseherin in Nice, die ich gut kenne und an deren Wahrhaftigkeit kein Zweifel besteht — sie gibt offen zu, daß sie manchmal nichts sieht — hatte folgendes Cliché: sie sieht meinen Namen in riesigen Buchstaben auf einem Plakat. Ich lachte und sagte, daß solche Anzeigen nur für Filmstars gemacht würden und nicht für wissenschaftliche Vorträge. Sie bestand auf der Richtigkeit des Bildes. Wir trennten uns, und ich vergaß die Sitzung.

Sechs Monate später halte ich in Louvain an der Unilersité Catholique einen psychologischen Vortrag. Was erblicke ich beim Eintreten in die Halle? Ein leuchtend grünes Plakat, wo in riesengroßen Buchstaben mein Name und mein Vortrag angezeigt sind. Diese Vorträge wurden von jungen Ärzten und Studenten organisiert, die sich solcher ungewöhnlichen Plakate bedienten.

Ich habe der Hellseherin natürlich sofort die Richtigkeit ihres Clichés bestätigt.

Das Gefährliche sind aber nicht die völlig richtigen oder völlig falschen Voraussagen — es sind die halbrichtigen Dinge, die den betreffenden Menschen in die Irre führen können. Solche ‚prophetischen' Aussagen habe ich oft gehört und habe das Unheil gesehen, das sie bei manchen Menschen anrichteten.

„Clichés" sind also anzuzweifeln — Träume sind dagegen immer wahr. Wenn wir, trotz aller Mühe und Sorgfalt, einen Traum oder den Teil eines Traumes nicht entziffern können, so ist dieser Teil unverständlich, weil er den Geschehnissen vorausgreift, weil er ein Wahrtraum ist. Nach Jahren erst wird oft die Richtigkeit dieses Traumteils bestätigt.

Die Wahrträume, die ich erst viele Jahre nach ihrem Auftauchen verstand, haben mich gezwungen, alles, was ich gedacht und empfunden hatte, einer sorgfältigen Prüfung zu unterziehen — auch die Beziehung zu den Menschen, die in mein Schicksal verflochten waren. Ich konnte niemand mehr anklagen oder verantwortlich machen, da ich diese Menschen nun als Instrumente einer höheren Macht erkannte.

Es galt nur noch zu begreifen, wohin das Schicksal geführt hatte, wozu es gedient hatte, da offenbar ein planvolles Geschehen vorlag. Meine eigene Verantwortlichkeit wurde nicht vermindert, denn ich hatte mir ja dieses Schicksal durch mein eigenes Müssen zugezogen.

Wenn ich betone, daß ich über den Ursprung der erlebten Phänomene nichts aussagen könne, so schließt das gewiß nicht aus, daß ich versuche, ihren Sinn zu ergründen. Ihren für mich persönlich wichtigen und ihren allgemein gültigen Sinn. Diese Suche ist sogar m. E. von dem Erleben untrennbar.

Wohin führen solche Erlebnisse, oder vielmehr: wohin werden wir geführt?

Hier scheinen mir die Darlegungen von Denis Saurat aufschlußreich. Er sagt, in einem bemerkenswerten Vortrag an der Tagung für Parapsychologie in St. Paul de Vence 1954 (Proceedings), daß diese junge Wissenschaft ohne die Begriffe „Gott“ und „Seele“ ausweglos sei, Begriffe, welche von der exakten Wissenschaft ausgeschaltet seien.

Sobald wir aber „Gott“ annehmen, nämlich ein allumfassendes Bewußtsein, von dem jedes Individuum ein Teilbewußtsein darstellt, können wir alle extrasensoriellen Vorgänge verstehen: der Einzelne kann sich diesem Vollbewußtsein annähern und damit auch ins Teilbewußtsein des Mitmenschen vordringen. Daher die Möglichkeit zu Hellsicht, Präkognition und Schauen der Vergangenheit. Er erläutert seine Auffassung an einem ebenso einfachen wie eindrucksvollen Schema.

Denis Saurat stellt also die These auf, daß Parapsychologie ohne Metaphysik nicht auskomme,daß sie metaphysische Inhalte besitze. „Das Hauptproblem der Parapsychologie ist das der Beziehungen, der Verbindungen, der Kommunikation. Kant stellt die Frage, wie a priori Urteile gebildet werden — die Parapsychologie fragt, wie außersinnliche Wahrnehmungen entstehen. Es muß das Numinose in die Betrachtung eingeführt werden. Das Unerkennbare ist die unentbehrliche Innenseite des Erkennbaren. Die Kenntnis von irgend einem Faktum enthält die Kenntnis (die zwar unerreichbar ist) des gesamten Universum als eines Faktums, da sich das gesamte Universum notwendigerweise im unendlichen Aspekt eines jeden Faktums ausdrückt."

III

WAHRTRÄUME

Das seltsame Erlebnis, in mehreren Welten gleichzeitig sein zu können, stellte mich immer wieder vor das Problem der Zeit. Dieses aber schien mir viel zu ungeheuer, als daß ich es hätte angehen können.

Aber die „Zeit" ließ mir keine Ruhe. Da war nicht nur die Mehrschichtigkeit der Ebenen und Zeiten, die man in der Vision erlebte, da war das Phänomen des Vorherwissens von Ereignissen, das Erblicken von Menschen in der Ferne im Augenblick ihres Todes. Außerdem konnte ich ständig beobachten, mit welch souveräner Leichtigkeit die Träume, auch die banalsten, Raum und Zeit behandelten. Es erhob sich das Problem der Wahrträume und der Prophetie. Vor meinem inneren Auge zerbrachen Raum und Zeit — die doch im Alltagsleben eine so unleugbare Wirklichkeit besaßen.

Da fiel mir eines Tages — wie es nicht anders sein konnte — ein Buch in die Hand, das mir auf die meisten dieser Fragen Antwort gab.

Es war dies die Schrift eines irländischen Fliegers und Erfinders eines neuen Flugzeugmodells, John Dunne,

„An Experiment with Time". Dieser Wissenschaftler, der Psychologie und Psychoanalyse völlig fern steht, ist von seinen Wahrträumen beunruhigt. Er stellt die Frage: Woher kommt es, daß Träume zukünfige Ereignisse voraussagen? Und er gibt zur Antwort: Wir dürfen die Lösung nicht in der Psyche des Träumers suchen, noch desjenigen, von dem geträumt wird, sondern auf einem ganz anderen Gebiet: In der Struktur der Zeit.

Dunne beruft sich auf Albert Einstein, der zum ersten Mal in der Geschichte behauptet habe, daß verschiedene Individuen hinsichtlich der Zeit nicht nur verschiedene Auffassungen hätten, sondern, daß diese Auffassungen gültig seien.

Diese Annahme einer individuellen Zeit scheint mir von größter Wichtigkeit für das Verstehen aller parapsychologischen Phänomene, besonders der Wahrträume und der Prophetie.

Dunne beobachtete zuerst seine eigenen Träume, die in die Zukunft deuteten, dann solche von Kameraden und Verwandten. Schließlich experimentierte er systematisch mit einer Gruppe von zweiundzwanzig Studenten, der berühmt gewordenen Oxford-Gruppe.

Aber lassen wir Dunne selber sprechen: „Den folgenden Traum hatte ich im Herbst 1913. Er spielt sich auf einer Eisenbahnstrecke ab. Im Traum wußte ich, daß dieser Damm sich im Norden des Viadukts von Firth of Forth befand. Unterhalb des erhöhten Fahrdamms breiteten sich Rasenflächen aus, wo Menschen sich in kleinen Gruppen hin und her bewegten. Ich bemerkte plötzlich, daß ein Zug, der nach Norden fuhr, entgleiste und abstürzte. Mehrere Wagen lagen umgeworfen unterhalb der Einsenbahnstrecke, und schwere Steinblöcke rutschten ihnen nach.

Am 14. April, also mehrere Monate nach meinem Traum, entgleiste wirklich ein Zug an derselben Stelle, etwa fünfundzwanzig Kilometer nördlich von der Brücke von Forth und stürzte auf den Golfplatz, der sich ca. sechs Meter unterhalb befindet."

Dunne, der methodisch seine eigenen Träume und diejenigen anderer Personen, u. a. der Oxfordstudenten untersuchte, machte einige überraschende Beobachtungen. Anfangs fand er, daß Träume, die in die Zukunft deuten, seltener vorkommen als solche, die sich auf Vergangenes beziehen. Dann schien es ihm, daß die beiden Traumgruppen gleich häufig auftraten. Und schließlich ergab es sich, daß Zukunftsträume (natürlich solche, die sich später bewahrheiten), häufiger vorkommen als Träume, die sich auf die Vergangenheit beziehen.

Dieses Ergebnis ist für das Verständnis von allen Produkten des Unbewußten von umstürzender Bedeutung.

Dunne ging noch weiter. Er dachte zuerst, daß Menschen, die Wahrträume haben, anormale Geschöpfe seien, und er schloß sich selbst dabei nicht aus. Dann meinte er, es handele sich um Ausnahmewesen, Seher und Mystiker. Aber schließlich ergaben seine Untersuchungen, daß zu viele Leute Wahrträume hatten, als daß man sie in dieser Weise einordnen könnte. Das Problem lag in Wahrheit nicht bei den Personen, die prophetische Träume hatten und die normal oder anormal sein konnten — die Lösung lag in einem Aspekt der Zeit, der noch nicht beachtet worden war.

Aber wie war das möglich gewesen? Wie hatte die gelehrte Welt an diesem Problem vorbeigehen können? Dunnes Antwort lautet: „Meine Feststellungen waren nur möglich auf Grund einer streng methodischen Untersuchung, und da diese bisher nicht gemacht worden war, konnte das Problem unbeachtet bleiben."

Ich glaube meinerseits, daß da noch andere Gründe mitspielen. Einmal war die Auffassung von Zeit und Raum allgemein anerkannt, sie schien unantastbar, und andererseits wurden Träume so gering geachtet, daß weder die Wissenschaft, noch das große Publikum sich mit der Beziehung zwischen den beiden Gebieten ernsthaft auseinandergesetzt hätte.

Dunne war sich der Schwierigkeiten, die das Problem in sich barg, durchaus bewußt. Er dachte natürlich, daß eine Koinzidenz vorliegen könnte, aber, da er die Tiefenpsychologie überhaupt nicht kannte, sah er keinen Unterschied zwischen dem Bewußtsein und dem Unbewußten. Es wurde ihm daher nicht klar, daß die lineare Uhrenzeit nur im Bewußtsein des Menschen eine Rolle spielt, nicht aber im Unbewußten. Wie jeder feststellen kann, gilt schon im einfachsten Traum die euklidische Zeit mit ihrem Korrelat, dem Raum, nicht mehr.

Die Untersuchungen von Dunne bringen dem Psychologen grundlegende Erkenntnisse — aber diese genügen nicht, um das Problem der Wahrträume wirklich zu erhellen. Es stellen sich noch viele Fragen: Warum haben bestimmte Personen Wahrträume und andere nicht? Wie kommt es, daß Wahrträume bei besonderen Gelegenheiten auftauchen und bei anderen wichtigen Ereignissen nicht erscheinen? Aus welchem Grunde sagen Träume mit Vorliebe tragische Ereignisse voraus, wie Todesfälle, Unfälle und schwere Krankheiten? Warum haben diese Art Träume oft mystischen Charakter, enthalten sie eine Weisheit, die das Niveau des Träumers weit überragt? Ich glaube auch nicht, daß man Hellsichtigkeit und Telepathie einfach beiseite schieben kann, wie Dunne es tut.

Es ist selbstverständlich, daß das Zeitproblem einem Forscher und Praktiker wie C. G. Jung nicht entgehen konnte. Er stellt fest, daß es Beziehungen nicht nur zwischen Menschen untereinander, sondern auch zwischen Menschen, Tieren und Objekten gibt, die mit rationalen Mitteln unerklärbar sind. Er gibt ein Beispiel unter vielen: In einer psychoanalytischen Sitzung deutet er einen Traum, in dem ein Skarabäus eine wichtge Rolle spielt. Plötzlich klopft etwas leicht ans Fenster: es ist ein Käfer aus der Familie der Skarabäen. Wie kann man erklären, wieso dieses in Europa äußerst seltene

Insekt erschien, genau im Augenblick, als vom Symbol des Skarabäus die Rede war?

Derartige Zusammentreffen, deren Häufigkeit jedem auffällt, der sich für diese Dinge interessiert, brachten Prof. Jung dazu, diese Fälle gründlich zu studieren. Er schuf seine Theorie der Synchronizität, nämlich der Gleichzeitigkeit von Ereignissen, die nicht kausal miteinander in Verbindung stehen, sondern die eine akausale Beziehung haben.

Aber kehren wir zu den Wahrträumen zurück.

Freud hat am Anfang geleugnet, daß Träume in die Zukunft deuteten und hat immer wieder ihre Beziehung zur Vergangenheit, besonders zur frühen Kindheit des Träumers betont. In einer späteren Arbeit gab er zu, daß Träume telepathische Inhalte haben konnten.

Was kann die psychoanalytische Erfahrung im allgemeinen zur Lösung des Problems der Wahrträume beitragen? Werden dem Analytiker häufig Träume vorgelegt, die auf Zukünftiges deuten, und wenn das der Fall ist, handelt es sich um rein psychologische Gegebenheiten, oder werden zukünftige Ereignisse vorweggenommen?

C.G. Jung betont den prospektiven Charakter mancher Träume und besonders der sogenannten Initialträume. Er hat beobachtet — und jeder Analytiker kann das tun — daß Menschen, die sich einer analytischen Behandlung unterziehen, oder schon vorher, wenn sie sich mit dem Gedanken tragen, diesen Schritt zu tun, gewisse Träume oder sogar Traumserien haben, die ihre zukünftige Entwicklung deutlich darstellen. Die Zeit schmilzt also zusammen, und es bleibt das seelische Ergebnis. Man kann sagen: sobald wir uns ins Gebiet des Unbewußten wagen, hört unsere übliche Zeitvorstellung auf.

Hier ein Beispiel, das ich in meinem Büchlein „Zwiegespräche über Traum und Leben“ ausführlich darstelle: Eine junge Frau träumt im Anfang ihrer Analyse, daß ein Skiläufer, der tief im Eis einer Gletscherspalte reglos lag, plötzlich von einer riesigen Welle emporgehoben und zum Leben erweckt wird.

Dieser Skiläufer, der im Verlauf der Analyse in verschiedenen Formen wieder erscheint, symbolisiert die unbewußte männliche Komponente der Träumerin, ihren ‚Animus‘. Dieser wurde in Wahrheit aufgeweckt und damit wurden die schlafenden Energien der jungen Frau ins Leben gerufen und ihr Dasein entsprechend verwandelt.

Schon die Idee, daß in einer analytischen Behandlung eine Entwicklung einsetzen werde, bedeutet eine Antizipation der Zeit, nämlich die Vorstellung von Stunden, Wochen, Monaten analytischer Zusammenarbeit.

Dunne hebt als besondere Schwierigkeit hervor, daß die Erinnerung an einen Traum etwas anderes sei, als der Traum selbst, da ja eine Zeitspanne, wenn auch eine geringe, zwischen Traum und Wachsein läge. Dieses Problem war den Psychologen natürlich nicht entgangen. Es war mir besonders beim Vergleich von Traum und Vision bewußt geworden.

Es gibt noch andere Seelenzustände, in denen ein Mensch für die Umwelt, für Raum und Zeit die Empfindung verliert.

Der junge Ramana Maharshi, der spätere große Weise Indiens, verließ sein Vaterhaus mit 16 Jahren, übermächtig von demjenigen angezogen, das sich als seine Sendung erwies. Er verharrte tagelang unbeweglich im Zustand der Ekstase, ohne zu spüren, daß die Sonne auf ihn niederbrannte und daß sein Rücken von Ameisen zerfressen wurde. Sein Körper war an die Erde gebunden und an ihre Zeit, seine Seele aber hatte sich losgelöst, sie war frei. Etwas ähnliches hat sich wohl bei den christlichen Märtyrern zugetragen. Es scheint, daß eine andere Zeit nicht nur für unser Unbewußtes, sondern auch für ein höheres Bewußtsein gültig ist.

Es ist schwer, die Tragweite einer übersinnlichen Erfahrung zu ermessen, und noch schwieriger ist es, sie in Worte zu fassen. Das erfährt man schon, wenn man einen Traum analysiert. Denn unsere Sprache ist erfüllt von Wendungen räumlicher und zeitlicher Art: wir sprechen von hohen Zielen, von einem Menschen, der tief gesunken ist, von zurückgebliebenen Kindern. Man müßte eine eigene Sprache erfinden, um die Erfahrungen einer mehrdimensionalen Welt in Worten auzudrücken. Schon die Zeitwörter enthalten Vorstellungen einer linearen Zeit. In der arabischen Sprache gibt es keine derartigen Zeitwörter. Der Orient hat überhaupt eine andere Auffassung der Zeit. Dort wird sie als zyklisch aufgefaßt, nicht als linear; sie stirbt und erneuert sich wieder. Die Griechen und sogar Plotin hatten noch diese Vorstellung der Zeit. Das Judentum hat die Idee einer ununterbrochenen Zeit in das westliche Bewußtsein eingeführt, und das Christentum hat diesen Gedanken übernommen.

Wir haben gesehen, wie während der Vision mehrere Bewußtseinseinlagen gleichzeitig wirksam sind. Jede dieser Schichten, die ja auch Welten außerhalb des Sehers sind, hat seine eigene Zeit und seinen eigenen Raum. Wir befinden uns in vieldimensionalen und vielzeitigen Welten.

In der Erkenntnis einer Aufhebung der Zeit im Wahrtraum begegnet sich meine persönliche Erfahrung mit den Ergebnissen eines Wissenschaftlers wie John Dunne.

Die Welten oder Sphären, denen wir uns in der Vision nähern können, haben meiner Erfahrung nach drei Dimensionen. Sie besitzen aber noch eine mehr: eine seelische Dimension oder eine Dimension der Tiefe. Später fand ich eine Bestätigung dieser Idee bei zwei Schweizer Wissenschaftlern, dem Naturphilosophen Jean Gebser und dem Biologen Adolf Portmann.

In meinem Buch „Traumsymbolik“ habe ich das Schicksal zweier Menschen berichtet, das sich in ihren Träumen abbildet.

Diese Traumfolgen, die ich damals ausschließlich unter psychologischen Gesichtspunkten analysierte, möchte ich heute noch einmal betrachten und eine parapsychologische Auffassung mit einbeziehen.

Nach fünfundzwanzig Jahren der Trennung begegneten die beiden Menschen einander wieder, und es stellte sich heraus, mit dem zeitlichen Abstand, der gewonnen war, daß diese Träume Wahrträume waren.

Sie trugen sämtlich ihre Wahrheit in sich, im Sinne der psychischen Entwicklung der beiden Menschen, und mehrere waren prophetisch auch hinsichtlich der Ereignisse.

Ich zitiere nun auszugsweise diese Geschichte, so wie ich sie in meiner „Traumsymbolik" dargestellt habe, mit ihrer Fortsetzung und mit meinem heutigen Kommentar.

Es handelt sich um die Träume eines Mannes, Bernard, der seine ‚Anima' (die Weiblichkeit seiner Seele) nicht anerkennen wollte. In die tägliche Wirklichkeit übersetzt: er konnte sich eine Liebe nicht eingestehen, er wollte sich an die Frau nicht endgültig binden, mit der er lebte, er konnte zu seiner Anima nicht Ja sagen.

Zuerst kam die Frau, mir ihre Träume zu erzählen; später suchte auch der Mann mich auf. Ich hatte hier eine der Tragödien vor Augen, wie das Leben sie täglich spielt. Es geschieht dabei so wenig, was nach außen hin sichtbar ist: zwei Menschen, die einander geliebt haben, verstehen sich nicht mehr. Der Zauber ist gebrochen, der sie verband, sie wissen nicht wie, sie verstehen nicht, warum. „Es ist aus", sagen sie hilflos.

Auf dem Hintergrund der Seele aber spielt sich das eigentliche Drama ab, und wenn wir den Träumen folgen, so verstehen wir das, wovon das äußere Geschehen nur die Konsequenz, nur ein Abglanz ist. Wir begreifen auch die ungeheuere Wichtigkeit der Liebe: das Seelenbild, die eigene, psychische Substanz, ist beteiligt. Sie tritt aus dem Individuum heraus, sie haftet sich an einen anderen Menschen und zieht das Verlangen nach Vereinigung nach sich. Nicht dasjenige Wesen, das die höchste sexuelle Befriedigung verspricht oder gibt, wird geliebt, sondern dasjenige, auf welches das Seelenbild projiziert ist.

Ich kannte beide Menschen gut und erlebte ihr Schicksal von allen Seiten, von der Frau und vom Manne her gesehen, von außen wie von innen. Hier eröffnet die Traumanalyse Möglichkeiten, die vorher niemals existierten. Ich beobachtete, wie die Traumreihen parallel liefen und einander nicht begegnen konnten.

Ein Traum der Frau, Helene, illustriert das deutlich: sie fährt in einem L i f t viele Stockwerke hinauf und sieht im Aufsteigen einen anderen Fahrstuhl, in dem ihr Freund hinunterfährt. Sie ruft ihn an — er hört nicht. Sie fährt in rasender Angst hinunter, da gleitet er gerade wieder hinauf. Sie winken sich zu und wollen sich verständigen, unmöglich — und dann verlieren sie sich aus den Augen.

Dieser Angsttraum zeigt nicht nur den gegenwärtigen Zustand an, sondern deutet auch auf etwas Zukünftiges: mehrere Jahre nach ihrer Trennung versuchte Helene mit Bernard wieder eine Verbindung anzuknüpfen, aber da war er nicht bereit. Wieder viele Jahre darauf wollte Bernard seinerseits die Beziehung mit Helene wieder aufnehmen, aber da war es für sie zu spät. Und dann verloren sie sich wirklich aus den Augen.

Ein anderer Traum Helenes schildert ihre innere Situation. Sie sieht ihre gemeinsame Wohnung, die sie verlassen hat, um eine Entspannung herbeizuführen. Das Fenster ihres Schlafzimmers ist offen; etwas Weißes hängt daran und flattert gespenstisch im Winde: es ist ein Hemd, ihr Nachtgewand. Das intimste Kleidungsstück also, ein Sinnbild ihres Zusammenlebens, war in der alten Wohnung zurückgeblieben — sie war äußerlich zwar fortgegangen, hatte sich aber selbst nicht mitgenommen.

Auch dieser Traum hat eine tiefe Bedeutung, die über den momentanen Zustand der Träumerin und das aktuelle Problem hinausgeht, ohne daß man diesen Traum prophetisch nennen könnte. Er zeigt, wie ungeheuer stark die Bindung trotz aller Schwierigkeiten und Mißverständnisse war, und daß es ihr nicht, oder erst nach vielen Jahren, gelang, die Projektion des Seelenbildes zurückzunehmen.

Ein wesentlicher Unterschied zwischen den beiden Traumserien stellte sich bald heraus. Die Träume der

Frau bauten einer auf dem anderen auf, sie bildeten eine Folge und zeigten eine seelische Entwicklung an — die des Mannes blieben einzelne Schlaglichter, aber sie nahmen kein Thema auf, um es weiterzuspinnen.

Aus dieser Eigentümlichkeit der Traumfolgen konnte man, selbst wenn man die bewußte Haltung der beiden Menschen nicht kannte, auf ihre innere Einstellung schließen: die Frau nahm aktiv Anteil an den Träumen, sie verarbeitete sie, und es ergab sich ein Wechselspiel zwischen Bewußtsein und Unbewußtem oder den verschiedenen Ebenen der Psyche — der Mann dagegen blieb skeptisch und passiv. Und er, der von außen gesehen, als der Brutale, Zerstörende erschien, war im Grunde der Erleidende.

Aus einer Kindheitserinnerung von Bernard ging hervor, daß seine Haltung des Ausweichens und Sich-Entziehens auf seine Bindung an seine Mutter zurückzuführen war. Wir können diese Einstellung in den folgenden Träumen deutlich erkennen. Er hatte das Bild der Mutter auf Helene projiziert. Daraus ergab sich die stärkste Bindung seines Lebens und andrerseits die Unmöglichkeit, sie zu realisieren. Nur eine Unterscheidung zwischen der Projektion des Seelenbildes und dem wirklichen Menschen hätte hier helfen können. Das einzige Mittel dafür war eine Tiefenanalyse, aber dieser gegenüber war er verschlossen.

Der Traum vom brennenden Theater

„Ich bin in einem Theater, und plötzlich bricht ein Brand aus. In großer Panik stürzen die Menschen heraus auf den Platz, ich mitten unter ihnen. Nur eine Frau will sich nicht retten. Sie bleibt auf dem Boden liegen, das Gesicht in einem See von Tränen. Ich schüttle sie an der Schulter und rede ihr zu, mitzukommen. Sie hebt den Kopf, und ich sehe, daß es Helene ist. Aber sie will nicht mitgehen, und so gehe ich allein. Ich springe über eine Böschung, und alles scheint mir ganz leicht."

Assoziationen: Zum „Theater" sagte der Träumer: „Das ist das Leben." Zum „Brand": „Der ist eine große Gefahr." Als er die Frau beschrieb, meinte er: „Sie gleicht auch meiner Mutter." Zum „Tränensee" bemerkte er: „Helene hat so viel geweint, als ich mich von ihr trennte."

Etwas Wichtiges aber wollte er nicht einsehen, nämlich, daß die weinende Frau seine eigene Seele war. Er verließ sie, um seine äußere Person zu retten und ließ ein Stück von sich, etwas Wesentliches, im Stich.

Dieses Im-Stich-Lassen der Anima aber wurde diesem Manne zum Verhängnis. Seit er die Trennung vollzogen hatte, gelang ihm in seinem Leben nichts mehr, weder persönlich, noch geschäftlich. Es zeigt sich hier — und wir können das immer wieder beobachten — daß ein Mann *ohne seine Anima nicht leben kann*, auch wenn er sich scheinbar rettet. Aber es waren fünfundzwanzig Jahre nötig, damit er die Tragik seines Lebens einsah. Er äußerte selbst, beim letzten Wiedersehen: „Es hat sich gerächt."

Da nicht sämtliche Träume angeführt werden können, seien nur diejenigen ausgewählt, die besonders bedeutsam scheinen.

Der Mann träumte, er ginge einen Berg hinauf, von seinem Bruder und seiner Schwester begleitet. Dieser Berg war gebaut aus „Bluff und Bombast".

Hier sehen wir die unerbittliche Autokritik, die der Traum an Bernard übt: alles, was er sich selbst nicht einzugestehen wagt, wird rückhaltlos hinausgestellt. Es ist nun an ihm, diese Kritik zu einer Einsicht zu gestalten und sein Leben zu ändern. Ferner: er ist von seinen Geschwistern begleitet, d. h. er lebt noch im Kinderland, ist nicht reif geworden. Auch zu diesem Traum assoziierte er seine Mutter, deren Gestalt aber unbestimmt blieb.

Helene träumte in derselben Nacht, sie wandere durch den Garten Eden, den Tempelschlaf zu schlafen. In einem griechischen Tempel hing ihr blaues Hemd, das sie zu diesem heiligen Zwecke holen wollte. Das Motiv des Hemdes aus mehreren früheren Träumen taucht wieder auf: es ist nun blau geworden (die Farbe des Himmels und des Geistes) und befindet sich in einem Tempel. Sie erwartet eine Eingebung durch den Traum, wie das in der antiken Welt häufig geschah. Als sie sich dem Heiligtum nähert, begegnet ihr eine wunderbare Gestalt.

Es ist eine Frau, silbern wie der Mond, in weißen Schleiern auf einem Fluß hinabgleitend wie ein Schwan. Sie umarmt die Träumerin mütterlich, und diese fühlt eine grenzenlose, nie gekannte Seligkeit. In diesem Traum begegnet Helene zum ersten Mal dem Selbst, dem unzerstörbaren Mittelpunkt der Psyche; sie erlebt dieses Unbekannte im Bilde des Schwans, einem Symbol des indischen Atman. In der Schwanenfrau dürfen wir wohl die eigene höhere Weiblichkeit und Mütterlichkeit der Träumerin erblicken.

Der Traum von der Rechnung

Helene träumt einige Zeit später, sie bekomme eine Rechnung zugeschickt, und zwar aus der Stadt, in der sie mit ihrem Freunde gelebt hatte. Es ist die Rechnung eines Photographen, der Traumzeichnungen und andere symbolische Bilder für sie aufgenommen hatte. Sie sagt im Traume zu sich selbst: „Aber sie ist doch bezahlt."

Die Rechnung war tatsächlich bezahlt.

Hierzu assoziierte Helene einen früheren Traum aus derselben Zeit: sie steigt einen Abhang hinunter und badet in einem See. Sie findet ein Heilkraut. Dann steht sie in einem Laden und will für sich und Bernard bezahlen. Hinter dem Ladentisch steht ein alter Mann: es ist Chidher, der Ewig-Junge. Dieser schiebt einen

Teil des Geldes zurück und sagt, sie dürfe nur fünfunddreißig Prozent bezahlen, den Rest, fünfundsechzig Prozent, müsse Bernard selbst bezahlen — fünfundsechzig Jahre, sein ganzes Leben.

Dieser Traum ist prophetisch. Er zeigt mit fürchterlicher Wahrheit an, daß wir alles selbst begleichen müssen, jeder seine eigene Lebensschuld.

Als Helene ihren Freund nach der langen Trennung wiedersah, war er fünfundsechzig Jahre alt. Und wirklich hatte er sein Leben lang bezahlt, in Form von Krankheit und Verlusten aller Art. Er hatte, auf seine Weise, sich niemals von der Trennung von Helene erholt.

Auch Helene nicht. Aber ihr Leiden war sinnvoll, es enthielt den Keim ihrer Entwicklung. Es führte sie über sich selbst hinaus. Das war das Heilkraut, das sie fand.

Den letzten Traum aus dieser Zeit habe ich damals nicht berichtet, und zwar, weil ich ihn nicht begriff. Er ist ein reiner Wahrtraum.

Sie geht in einem Badeort mit Bernard spazieren, sie trägt ein schwarzes, eng anliegendes Kleid und heißt Mrs. Smith aus Chicago. Die Beziehung zwischen den beiden Menschen ist freundschaftlich, aber Helene weiß, sie ist nur zu Besuch da. Sie muß bald wieder abreisen.

Fünfundzwanzig Jahre später wird sie in diese Stadt gerufen, zum Begräbnis eines Verwandten, der plötzlich dort gestorben ist. Sie sieht Bernard wieder, sie gehen auf einer Promenade spazieren und biegen in einen Waldweg ein. Es ist der Weg ihres Traumes! Sie trägt ein schwarzes, eng anliegendes Kostüm und hat einen anderen Namen, da sie sich inzwischen wiederverheiratet hat. Die Stimmung ist genau so, wie der Traum sie vorausgesehen hatte, freundschaftlich und doch mit einem großen Abstand. Es ist ein Schicksalsaugenblick; eine neue Trennung steht bevor, nach kurzem Wiederfinden.

Nur der Name stimmt nicht. Aber vielleicht sollte er einfach die Tatsache der Namensänderung anzeigen und die große Entfernung, die zwischen den beiden Menschen entstanden war.

Noch ein kleiner Zwischenfall: eines Tages, zwei Jahre nach dem Wiedersehen, als Helene sich intensiv mit diesem Traum und dem Namen, Mrs. Smith aus Chicago, beschäftigte, wurde ihr ein Mr. Smith aus USA vorgestellt, der ebenso rasch wieder aus ihrem Gesichtskreis verschwand, wie er gekommen war, und das in einer Gesellschaft, in der sonst niemals Ausländer auftauchten.

Diese Koinzidenz kann man wohl als ein Beispiel für die Jungsche Theorie der Synchronizität betrachten: wir erkennen zwischen dem Namen „Smith“ des Traumes — der so wichtig für Helene war — und dem Namen des Amerikaners — der nur durch den Traum überhaupt irgendeine Wichigkeit erwarb, — einen seelischen, aber akausalen, rational nicht zu begründenden Zusammenhang.

Als mir Helene von dem letzten Zusammentreffen mit Bernard berichtet hatte, und ich ihr meine jetzige Einstellung zu ihren Träumen und dem Ablauf ihres Schicksals mitteilte, nickte sie und sagte: „Der Traum von Chidher, dem Ewig-Jungen, hat eine noch viel tiefere Bedeutung, als ich damals ahnte. Ich habe kürzlich das „Grüne Gesicht“ von Gustav Meyrink wieder gelesen, das ich einige Jahre vor meinem Traum schon einmal gelesen hatte. Da steht ein alter weiser Jude hinter dem Ladentisch im Kuriositätenladen, Chidher Grün, und mit dem Eintritt des Ingenieurs Hauberisser in den „Vexiersalon“ beginnt die Einweihung dieses jungen Mannes und damit ein neues Leben. Damals, als ich den Traum hatte, ist mir die Assoziation zu Meyrinks Buch überhaupt nicht eingefallen — heute weiß ich, daß es auch bei mir um eine Initiation ging. Ich nahm sie an und versuchte, sie zu leben — mein Freund aber nicht. Hier liegt die Tragik unserer beider Leben. Obwohl wir uns liebten, konnten wir nicht zusammenfinden.“

Chidher, Al Chadr oder El Chedr, der Grünende, ist ein Weisheitslehrer und Heiliger arabischen Ursprungs, der als göttlich angesehen wurde. Er ist ein aus dem Wasser geborener Sonnenheld und symbolisiert den unsterblichen Logos, die göttliche Weisheit, die Wiedergeburt.

Ist es mir auch nur einigermaßen gelungen, die Wichtigkeit dieser Traumserien herauszustellen und dem Leser etwas von meiner Erschütterung mitzuteilen?

Da träumen zwei Menschen ihr ganzes Schicksal voraus. Mit allen winzigen Einzelheiten und außerdem mit einem Überblick über ihre gesamte geistige, psychische und materielle Existenz. Da rennen sich diese Menschen die Köpfe blutig, um ein wenig persönliches Glück zu retten, ein wenig warme Gemeinsamkeit, die anderen Menschen vergönnt ist — umsonst.

Sondern es wird eine Frau — die es bewußt nicht will, nicht wünscht — hinausgeschleudert in eine Welt der Tat, des Schaffens und der Einsamkeit, und ein Mann, auch gegen seinen Wunsch und Willen, wird in ein Leben hineingestellt, das sich immer mehr verengert und das schließlich zu einer Katastrophe führt.

Ein Etwas, das stärker ist als sie beide, reißt sie auseinander — und die Träume wissen es voraus! Sie wissen es über Raum und Zeit hinaus, und sie weisen sogar auf das innere Ziel, das einzige Element, das Leid und Trennung rechtfertigt, das dem Erlebten seinen Sinn gibt.

Natürlich ist dieses Schicksal folgerichtig und von innen her begründet, in der tiefsten Wesensart der beiden Menschen — aber der letzte Traum, dieser Spaziergang, ist psychologisch nicht zu erklären.

Es sieht so aus, als wäre auf einer höheren Ebene alles längst beschlossen und gebucht und als läsen die Menschen, die auf Erden in einem langsameren Tempo leben, mühsam die Hieroglyphen ab, die sie nicht oder nur teilweise entziffern.

Aber die Träume raunen und murmeln ihr Wissen um das unerbittliche Schicksal.

Der Traum vom blauen Pantoffel

Diesen Traum hatte ich zu einer Zeit, als ich jeden meiner Träume aufschrieb und analytisch zu deuten versuchte. Den Traum habe ich sofort beim Erwachen aufnotiert und so gut und schlecht ich konnte, gemalt. Auf diese Weise hat er sich besonders plastisch in mein Gedächtnis eingeprägt.

Der Traum

Ich sehe einen meiner blauen Pantoffeln, aber riesengroß, und hinein gleitet meine alte Tante, die als Malerin in Paris lebt, wie in ein weiches Bett.

Trotz aller Mühe gelang es mir nicht, diesen Traum zu deuten. Was hatte meine Tante mit meinen Pantoffeln zu tun, diese alte Dame, die ich seit zwanzig Jahren nicht gesehen hatte und mit der ich in keiner näheren Beziehung stand, nicht einmal in Briefwechsel?

Natürlich lag eine sexuelle Interpretation nahe: Pantoffel, weibliches Organ, etc., aber keine Deutung stellte mich zufrieden. Ich legte den Traum beiseite und vergaß ihn.

Sieben Jahre später kam er mir wieder in den Sinn. Ich war nach Paris übergesiedelt und hatte mich dort um meine achtzigjährige Tante gekümmert, die ganz allein in ihrer Atelierwohnung lebte. Eines Tages hatte sie einen Unfall und wurde ins Hospital gebracht.

Am letzten Tag vor ihrem Tode sagte sie, schon fast entrückt und im Glauben, daß sie aufstehen und gesund sein würde: „Nicht wahr, wenn Du morgen wieder kommst, bringst Du mir meine Pantoffeln mit?" Es waren die letzten Worte, die ich von ihr hörte.

Die einsame alte Frau war in Wahrheit in meinen Pantoffel geglitten, d. h. sie stützte sich auf mich, und ich konnte ihr ein wenig Wärme und Wohlbehagen bringen, als sie krank war.

Aber diese letzten Worte auf ihrem Sterbebett? Hier kann ich nichts deuten, ich kann nur sagen, daß ich ergriffen war.

Darf man diesen Traum als prophetisch bezeichnen? Er sagte etwas voraus, aber kein Ereignis. Er zeigte eine kommende seelische und materielle Situation an, die auf keine Weise vorauszusehen war. Nichts deutete damals in meinem Leben auf eine Ortsveränderung hin, nichts auf die Rolle, die ich im Leben meiner Tante spielen sollte. Und dennoch „glitt sie in meinen Pantoffel", wie der Traum es vorausgesagt hatte.

IV

ERINNERUNGEN AN FRÜHERE LEBEN

Meine Erfahrungen haben mir die Gewißheit von der Kontinuität des Lebens, von Reinkarnation und Karma gegeben.

Erinnerungen an frühere Leben stellen sich ganz selbstverständlich ein, wenn die Schranke zwischen Diesseits und Jenseits gefallen ist. Das ist ganz natürlich, da die Zeit in gewissen Bewußtseinszuständen aufgehoben ist.

Ich erlebte das Vergangene meist in Form eines Ausschnitts aus einer anderen Epoche, oder wie eine Szene aus einem Theaterstück, in welchem ich eine der mitwirkenden Personen war. Die Vision war begleitet von der vollen Emotion, die ich damals gefühlt hatte, ja, ich erkannte an der spezifischen Art der Gefühlsspannung, daß ich es war, die ich da erblickte. Ich war gleichzeitig auf Erden der Beobachter und war innerhalb der Vision der erlebende, sich freuende oder erleidende Teil.

Hier haben wir ein Erlebnis, das sich gleichzeitig in zwei Räumen, zwei Zeiten, zwei Ebenen abspielt und das keine Spaltung des Bewußtseins mit sich bringt.

Denn das beobachtende Ich war in seiner vollen Ganzheit zugegen, es schaute, überlegte und registrierte.

Ich war nicht mit der vor mir erscheinenden Person identifiziert. Ich projizierte sie auch nicht nach außen, denn sie blieb mir, auch nach sorgfältiger Analyse, in meinem jetzigen Leben unbekannt. Ja, wenn ich historische Figuren sah, die ich einmal in früheren Existenzen dargestellt hatte, so konnte ich durch spätere Studien feststellen, daß ich sie richtig gesehen hatte. So erschien einmal vor meinem inneren Auge eine blonde, üppige junge Frau aus der Zeit Ludwigs XIV., die in einer Karosse ausfuhr. Ich hatte gemeint, daß diese Frau schlank und brünett gewesen wäre. Die Vision stellte richtig, was in meiner Vorstellung falsch gewesen war.

Mir scheint, daß das jetzige Leben einen neuen Sinn bekommt, wenn wir es als Material zu unserem Wachstum betrachten, das uns in jeder Inkarnation dem Göttlichen näherbringt.

Die Visionen früherer Leben brachten mir wesentliche Erkenntnisse. Sie gaben die Erklärungen für die Widersprüche in einem Charakter, trotz eines vorhandenen einheitlichen Zieles.

Sie zeigten die Grundlage von Begabungen, denn dasselbe Talent und dieselbe Neigung tauchte in vielen Ausschnitten von Inkarnationen auf.

Sie erklärten die Vorliebe für manche Länder, die man durchaus bereisen möchte, und die Gleichgültigkeit oder Abneigung anderen Ländern und anderen Kontinenten gegenüber.

Der Einblick in vergangene Existenzen eröffnete das Verständnis für den Ablauf eines Schicksals — des eigenen und des Schicksals anderer. Die Visionen befreiten von der kreatürlichen Todesangst.

Sie erweckten in mir ein neues Interesse für den Werdegang von Menschen, der ja nun Vergangenes und Zukünftiges mit einschloß. Sympathien und Abneigungen auf den ersten Blick wurden mit einem Schlag verständlich.

Es wuchs in meinen Augen vor allem die Bedeutung menschlicher Beziehungen, ich begriff den Sinn von Liebe und Freundschaft.

Ich habe das Wunder erlebt, Menschen zu begegnen, die mir aus früheren Inkarnationen her vertraut waren. Wir erkannten uns gegenseitig wieder und tauschten Erinnerungen aus. Diese Erinnerungen führten weit über das antike Griechenland hinaus, über die Zeit der Pharaonen, bis in unfaßlich ferne Zeiten.

Die wirklich wesenhaften Beziehungen im Leben eines Menschen sind immer uralt. Sie bedeuten stets ein Wiederfinden. Solche karmischen Bindungen können überglücklich, sie können aber auch tief tragisch sein. Sie unterscheiden sich von allen anderen durch ihre Wucht, ihr Aufwühlen des ganzen Menschen und ihre Unzerreißbarkeit.

Manche Katastrophen der Liebe sind nur durch die

Erkenntnis zu ertragen, daß gewisse Bindungen zwar unlöslich, daß sie aber in diesem Leben nicht glückbringend sind. Wir können das Karma durch Verstehen unter Umständen verbessern, in den meisten Fällen aber nicht auflösen.

In jeder großen Liebe liegt ein Element der Ewigkeit. Dieses Unendlichkeitsgefühl ist wohl in der Ahnung von der Kontinuität des Lebens begründet. Ein solches Ahnen kann unbewußt, oder nur zum Teil bewußt, mitschwingen. Es gibt einer Beziehung ihre besondere Tönung. Solche Urbeziehungen sind m. E. bei der Formung des „Seelenbildes", Anima und Animus, (C. G. Jung) mit im Spiel.

Nehmen wir als Beispiel die Verbindung von Helene und Bernard. Das innere Bild vom Manne war in Helenes Psyche vorgeformt, und es veränderte sich im Laufe ihres Lebens kaum. Es war und blieb ein hochgewachsener Jüngling von rein nordischem Typus, blauäugig und blond.

In diesem Bilde war die Vater-Imago überhaupt nicht enthalten, wohl aber, wenn auch unbestimmt und stark idealisiert, die Figur ihres ältesten Bruders.

Was wissen wir von dem Urbild, das ihrem ‚Animus' zu Grunde lag? Es war der Archetypus des Helden, des Eroberers. In ihren Träumen tauchte mitunter ein Deutschritter mit wehendem Mantel, auf einem weißen Pferde dahinbrausend, auf.

Dieses Bild des Helden hatte Helene unbewußt auf

Bernard projiziert. Man könnte auch sagen: sie hatte ihn damit belastet. Sie hatte ihn durch diese Einstellung psychisch überfordert.

Und wie kam jener Archetypus in die Seele einer modernen Frau? Von meinem Blickfeld aus betrachtet, trug sie in sich die Erinnerung an einen Helden, den sie einst geliebt, mit dem sie vielleicht einmal verbunden gewesen war. Vielleicht war Bernard der wiedergeborene Geliebte und daher kam die Bindung.

Manche Menschen wenden der Idee von der Reinkarnation gegenüber ein, daß sie sich an keine frühere Existenz erinnern könnten. Vielleicht nicht an ein bestimmtes Leben — wohl aber an das Wichtigste aus einem früheren Sein: die tiefste Bindung, das erschütterndste Gefühl. Es ist möglich, daß im Seelenbild, als Reminiszenz aufgefaßt, unsere Bindung zur Vergangenheit fortbesteht. Denn dieses Bild, das verankert im Unbewußten lebt, wurde ja ständig erneuert, in der Folge der Leben wieder mit Blut erfüllt.

Hier ist der seidene Faden, den wir in Händen halten und der uns helfen kann, das heutige Leben besser zu verstehen und die Öffnung ins Unendliche zu finden.

Sri Aurobindo schreibt in einem seiner Briefe an seine Schüler, daß ein Mensch die Essenz seiner früheren Leben in die folgende Existenz hinübernehme, also nur das Wesentliche und nicht die anekdotische Einzelheit. Wir dürften darum nicht erwarten, ein Erinnerungsvermögen an bestimmte Daten aus früheren Leben zu besitzen.

Wir sollten überhaupt kein Gedächtnis voraussetzen, das dem modernen Gedächtnis gleiche.

Wir tragen alle Leben g l e i c h z e i t i g in uns, und dieses Mosaik macht die Struktur unseres jetzigen Charakters aus.

Sobald man von dem chronologischen Ablauf dieser Existenzen absieht, wenn man sich also außerhalb des Zeitbegriffs stellt und statt dessen den Begriff der „seelischen Tiefe" einsetzt, erkennt man die anderen und sich selbst als Einheit in der Vielheit; man sieht nicht mehr Reinkarnationen in ihrer zeitlichen Aufeinanderfolge, sondern dasselbe Wesen in seiner Gleichzeitigkeit.

Auch manche Ängste und Komplexe lassen sich durch Schocks erklären, die wir in einem früheren Schicksal erlitten haben.

Hier sei von einer Frau berichtet, die ich längere Zeit analysiert habe und die an Klaustrophobie litt. Das heißt, sie wurde von einer jähen Angst befallen, wenn sie sich eingeschlossen hatte und nicht sofort mit Leichtigkeit die Tür wieder öffnen konnte.

Wir führten diese Zustände, (die wie Fremdkörper in ihrer Psyche ihr Unwesen trieben, denn die Frau war sonst eher ein furchtloser Mensch), auf ein Kindheitserlebnis zurück: sie hatte sich als kleines Mädchen im Zug in den Waschraum eingeschlossen, der Zug hielt, sie sollte aussteigen und bekam das Schloß nicht auf. Tiefer gesehen, schien ein Geburtstrauma die Ursache ihrer Angst zu sein.

Eines Tages aber hatte die Frau ein Wacherlebnis, keinen Traum: sie sah sich als Klosterfrau des Mittelalters, totenbleich, das Gesicht ausgehöhlt, von Angst verzerrt — sie sollte lebendig eingemauert werden. Diese Nonne, sie selbst, hatte gesündigt, im Sinne des Klosters, nicht des Lebens.

Bei diesem Anblick erfuhr sie die furchtbarste Todesangst: vor dem Eingeschlossensein im engen Raum, vor dem Ersticken in grauenhafter Einsamkeit, ungeliebt, verlassen und verworfen. Sie erlebte eine Panik, von der die heutige Angst nur ein matter Abglanz war. Sie war die todgeweihte Nonne, sie fühlte sie in ihrem Blut.

Was nun geschah? Die wahre Ursache ihrer Klaustrophobie wurde durch die Vision erhellt. Diese einmalige Öffnung ins Vergangene, das psychisch etwas Gegenwärtiges war, diese A b o l i t i o n d e r Z e i t, ergab aber noch viel mehr als den Schlüssel zu dem Angstkomplex, der alsbald verschwand — dieses Erlebnis erlaubte der Frau, ihr Wesen und ihr Schicksal besser zu erkennen.

Sie war nämlich in einem Teil ihrer Persönlichkeit immer noch eine Nonne. Daher ihr Hang zur Einsamkeit, zu religiösen Studien, ihre gewollte Armut und andrerseits ihre Ablehnung, in einer weiblichen Gemeinschaft zu leben, da sie unter deren Schwächen zu sehr gelitten hatte.

Diese Seite, die asketische Klosterfrau, stand im

schroffen Gegensatz zu einer anderen Komponente ihres Wesens, der Kurtisane. Auch diese Facette stellte sich eines Morgens in Form einer deutlichen Vision dar: sie erkannte sich in einer Tänzerin aus der Zeit des Rokoko.

Zwischen diesen Polen hatte die Frau ihr Leben lang geschwankt — bis sie endlich die Mitte fand: Bejahung des Lebens und des Geistes.

V

ERSCHEINUNGEN VERSTORBENER

Das Fortleben nach dem Tode ist für mich eine erfahrene Wirklichkeit, die Beziehung zwischen den Sphären etwas durchaus Natürliches. Die Erscheinungen Verstorbener hatten darum in meinen Augen nichts Erschreckendes, nicht einmal etwas Sonderbares. Die Entschwundenen lebten — nur in einem subtileren Zustand. Ich rief sie niemals — aber wenn sie kamen, so war ich für sie aufgeschlossen, ich suchte zu verstehen, was sie zu mir führte.

Das folgende Erlebnis ereignete sich während des Krieges, als ich an der Côte d' Azur in einem kleinen Hotel wohnte. Am Vorabend hatte mich mein Bruder besucht und mir erzählt, daß der Vater seiner Frau gestorben sei. Mein Bruder hatte nicht gewünscht, daß meine Schwägerin zum Begräbnis und zur Eröffnung des Testaments hinfahre, da sie gesundheitlich nicht gut imstande sei. Es handle sich zwar um einen kostbaren Ring in dieser Erbschaft, aber das habe keinerlei Bedeutung.

Ich war im Begriff, einzuschlafen, als ich spürte, daß sich jemand in meinem Zimmer befand.

Am Fußende meines Bettes stand ein Mann. Er war groß, etwas gebückt, das Gesicht ziemlich rot und gedunsen, und er stützte sich auf einen Stock. Er trug einen braunen, flauschigen Rock, warm und bequem, und eine Art hoher Stiefel, die einen sonderbaren Ölgeruch verbreiteten.

Mein erster Gedanke war: ich habe vergessen, mein Zimmer abzuschließen, und ein Hotelgast ist aus Versehen bei mir eingedrungen. Dann erkannte ich an der Familienähnlichkeit, daß es der Vater meiner Schwägerin war.

Ich spürte keinerlei Schrecken, hatte aber eine kleine, unwillkürliche Bewegung gemacht, um dem Herrn zu sagen, daß er sich geirrt habe. Da zerfloß mein Besuch.

Ich erkannte an seiner Haltung und an einer leichten Geste, die er vollführt hatte, daß er mir etwas hatte mitteilen wollen, den Ring betreffend, und daß ich ihn verscheucht hatte, ohne es zu wollen.

Am nächsten Tag besuchte mich meine Schwägerin, und ich erkundigte mich, ob ihr Vater, den ich übrigens nie gesehen hatte, einen braunen, warmen Überrock besessen habe? Ja, er habe sich diesen Rock extra machen lassen, um bei Wind und Wetter auf seinem Grundstück herumzuspazieren.

„Trug er besondere hohe Stiefel, die einen eigentümlichen Ölgeruch verbreiteten?“

Sie war sehr betroffen und bestätigte, daß ihr Vater

solche Schuhe getragen habe, die er selbst mit einem speziellen Öl behandelte.

Ich fragte noch, ob ihr Vater eine rote Gesichtsfarbe gehabt habe?

Erst meinte meine Schwägerin, das stimme nicht. Dann, nach einiger Besinnung, bestätigte sie, daß ihr Vater infolge seiner Herzkrankheit in der letzten Zeit ein rotes, gedunsenes Gesicht gehabt habe.

Eine andere Erfahrung hatte ich einige Jahre später, in Paris.

Ich hatte das „Journal d'un Médecin Malade“ von Dr. René Allendy gelesen. Dieser Psychoanalytiker, der sich intensiv mit Fragen des Okkultismus beschäftigt hatte, ein bedeutender Kopf und mutiger Forscher, war mir persönlich, wenn auch nicht näher, bekannt, und ich war ihm zu Dank verpflichtet.

Das Buch hatte mich aufs Tiefste erschüttert. Es beschrieb die letzten Tage dieses Arztes, den seelischen Todeskampf eines Menschen, der den Tod nicht annehmen konnte — und das trotz seines Wissens und Suchens. Der Bericht brach zwei Tage vor dem Hinscheiden Dr. Allendy's ab.

Ich dachte: Wie traurig, daß ein solcher Mensch in dieser Weise sterben mußte, daß er nicht mehr von der Wirklichkeit des Jenseits begriff.

Da, im Augenblick des Eindämmerns bei meiner Siesta, erschien sein Kopf vor mir. Er war überlebensgroß, wie auf durchsichtigen Stoff gemalt, in den zartesten Farben. Der Blick, den er auf mich richtete, ist mir auf immer unvergeßlich. Er war tief eindringlich, von größtem Ernst, mit einer unerhörten Intensität geladen. Der Tote schien mir sagen zu wollen, daß er lebte und daß er nun begriff.

Die Substanz der Erscheinung, ihre Stofflichkeit und Transparenz war einmalig. Die nächste Erfahrung war völlig anders.

Ich habe mehrmals Sri Aurobindo gesehen, bei meinem Aufenthalt in Pondichéry und einige Wochen später, in Benares. Er ist mir jedes Mal als Brustbild erschienen, Kopf und Oberkörper in ein weißes Gewand gehüllt.

Hier muß ich zur Erklärung einschalten, daß ich Sri Aurobindo in seinem Ashram nicht lebend angetroffen habe, daß er aber für seine Anhänger lebte und durchaus gegenwärtig war. Es hingen riesige Photos von ihm und der „Mutter“ überall. Man sah sie, bis zum Überdruß, an allen Wänden, in den Sälen, den Korridoren, den Privathäusern, und zwar immer die gleichen, Sri Aurobindo auf dem Totenbett und ein anderes Bild, mit demselben etwas leblosen Übermenschen-Ernst.

Der Aurobindo, der mir in Benares erschien, war ganz anders. Er lächelte, er hatte — etwas Undenkbares — Humor.

Ich hatte allerlei ketzerische Gedanken gehegt seiner Person gegenüber, und besonders hinsichtlich der „Mutter“, die das Ashram leitete und die er zur Göttin erhoben hatte. Ich konnte den Kult, der diesen Menschen gewidmet wurde, nicht gutheißen und wandte mich innerlich von dem Meister ab.

Da erschien er vor mir, farbig, plastisch, lebendig, ein großer Mensch. Er blickte mich an, etwas ironisch und überlegen, dabei sehr freundlich, als wolle er mir sagen: „Du gutes Kind, du gibst dir so viel Mühe, aber die Dinge sind ganz anders, als du dir vorstellst."

Ich habe daraufhin meine Gedanken über ihn einer strengen Durchsicht unterzogen und habe begriffen, daß ich unterscheiden mußte zwischen dem Kult, der mit seiner Person getrieben wurde und dem, was er wirklich meinte.

Jahre später habe ich folgende Bemerkung in Sri Aurobindos Briefen an seine Schüler gefunden: „Humor? Das Salz des Lebens. Ohne Humor wäre die Welt völlig aus dem Gleichgewicht — sie ist es schon genug ... Kein Gesetz hat jemals bestimmt, daß Weisheit etwas Starres und Feierliches haben müsse und daß der Weise ohne Lächeln sei."

Ich glaube, daß alle Erscheinungen aus den anderen Welten eine Botschaft bringen, je nach ihrem Niveau und der Bedeutung ihrer Persönlichkeit. Bei dem, der die Botschaft empfängt, muß die nötige Aufnahmefähigkeit bestehen und außerdem ein inneres Band zu dem Boten, ein echtes Interesse, eine seelische oder geistige Beziehung. Im Falle des Vaters meiner Schwägerin handelte es sich um etwas Familiäres; die Frage des Ringes ging mich persönlich nichts an. Die Verbindung führte über meine Verwandten, und der Verstorbene hatte meine Rezeptivität benutzt, um sich verständlich zu machen.

Dr. Allendy war offenbar infolge der Intensität meines Interesses für sein Weiterleben zu mir gekommen. Sri Aurobindo wollte meine Vorstellungen über seine Lehre richtigstellen.

Seine Erscheinung hatte etwas Strahlendes, er kam sichtlich aus einer sehr hohen Sphäre. Es bestand aber ein subtiler Unterschied zwischen dem Glanz, der ihn umgab, und der noch etwas Irdisches hatte und dem folgenden, ganz verklärtem Wesen, das mir erschien.

Ich hatte, ebenfalls in Pondichéry, den Kopf eines Asketen gesehen, gehüllt in einen pfirsich-goldenen Hauch. Ich beschrieb meinen dortigen Freunden, Dilip und Indira, das Antlitz genau, das kahle, bedeutende Haupt, den Ausdruck der Güte in seinen Augen, eine bestimmte Geste, die mir auffiel, und sie erklärten mir, daß es der Asket Sri Chaitanya sei, von dem ich nie in meinem Leben gehört hatte. Meine Freunde holten eine Miniatur hervor — und ich erkannte darauf den Asketen. Der rosig-goldene Schein, der ihn umgab und von ihm ausging, war, nach der Überlieferung, charakteristisch für diesen Heiligen, sowie für die Sphäre, in der er sich nun befand.

Der Mönch führte einen Becher an seine Lippen — trank aber nicht. Er lächelte, und dieses Lächeln war ein Strahl der Liebe. Dann geschah etwas Seltsames: sein Antlitz wurde runder, breiter, es wurde immer leuchtender, es wurde kosmisch, wie silbriges Mondlicht, es verschmolz mit dem All.

Indira teilte mir am nächsten Morgen mit, daß Mira, der sie inspirierende Geist, ihr eine Botschaft geschickt habe: der Mönch meiner Vision sei wirklich Sri Chaitanya gewesen, der vor ungefähr 500 Jahren gelebt habe. Mira wußte also um mein Erlebnis. Zuerst war dieser Mönch ein Pandit, ein bedeutender Gelehrter, dann wurde er ein wandernder Bettelmönch, ein Bhakta, das heißt einer, der den Weg der All-Liebe gewählt hatte. Schließlich wurde er als Avatar, als Verwirklichung des Gottes Krishna auf Erden, verehrt.

Die Legende berichtet, daß er in Augenblicken geistiger Erleuchtung von Lichtstrahlen umhüllt gewesen sei, die viele Leute gesehen hätten. Später las ich in den Briefen von Sri Aurobindo manche aufklärende Bemerkungen über diesen großen Heiligen.

Die Geste, die mich in meiner Vision beeindruckt hatte, bedeutete, daß Sri Chaitanya darauf verzichtete, den Trank, der Unsterblichkeit verleiht, zu trinken. Er war vor die Wahl gestellt, in eine Sphäre der Unvergänglichkeit aufzusteigen oder auf der Erde zu verharren, um den Sterblichen zu helfen — und er hatte das Opfer gebracht, zu bleiben.

Immer wieder stellt sich mir die Frage, wie es denn

möglich war, diese Szene zu erblicken, die um Jahrhunderte zurücklag. Hatte ich in jenem Augenblick in der „Akasha-Chronik" lesen dürfen, von der es heißt, daß sie alles aufbewahre, was je geschah? Oder wurde mir ein geistiger Vorgang in symbolischer Form gezeigt?

Es konnte sich keinesfalls um eine Kryptomnesie, um eine vergessene, wieder emporgestiegene Erinnerung handeln, denn ich hatte ja niemals ein Bild des Heiligen gesehen. Dieses Erlebnis halte ich für eine Vision, nicht für eine Erscheinung. Auf jeden Fall war es ein Geschehen, außerhalb unserer Begriffe von Raum und Zeit.

Die drei Erlebnisse waren ihrem Wesen nach grundverschieden und lösten völlig andersartige Gefühle in mir aus. Der Vater meiner Schwägerin war einfach ein Mensch, verwechselbar mit irgendeinem Hotelgast. Dr. Allendy nahm eine Art Zwischenstellung ein, — die wirklich Wissenden, Erleuchteten, gaben sich als solche zu erkennen.

Es unterliegt für mich keinem Zweifel, daß die Astralwelt stofflich ist. Es handelt sich um einen anderen Stoff, aber immerhin um eine Substanz. Manche Wesen von drüben haben das auch betont: wir sind materiell.

Die höheren Welten sind, soweit mein Wissen reicht, unstofflich oder immer weniger stofflich.

Der Kopf von Dr. Allendy war stofflicher als das Haupt von Sri Aurobindo, und Sri Chaitanya war noch immaterieller als der Meister von Pondichéry.

Die Astralwelt durchtränkt ständig unser Leben, ob wir es wissen oder nicht, und für die anderen Sphären wird es dasselbe sein. Die Seher stellen die Sinnesorgane, die der Außenwelt dienen, ab, um mit den inneren Sinnen den astralen Ablauf der Geschehnisse ungehindert aufnehmen zu können. Ich glaube, auch manche Tiere erfassen diese Welten.

Und warum sehen wir weit häufiger die astrale Sphäre im Traum als im Wachen? Doch wohl, weil die Ratio schläft und weil die Sinne des Körpers ausgeschaltet sind.

Der sicherste Führer ins Jenseits ist unsere Sehnsucht. Diese kann die Form eines Gebetes annehmen, einer Anrufung. Sie kann sich auch in Form von Meditation ausdrücken.

Diese Sehnsucht rettet uns aus allen Zusammenbrüchen, sie hilft uns, aus der Sphäre der Passion, der Verknüpfung mit dem Leben durch Liebe und Leid, in eine Sphäre oberhalb dieser Verstrickungen zu gelangen. Ich glaube, dieses Hinübergehen-Können, dieses „Überunshinausgreifen", macht das eigentliche Wesen des Menschen aus.

VI

ERFAHRUNGEN IN INDIEN

Als ich im Jahre 1952 nach Indien eingeladen wurde, um dort einen psychologischen Knoten zu lösen, hatte ich bereits eine starke innere Beziehung zu Ramakrishna. Ich hatte alle Bücher über ihn gelesen, deren ich habhaft werden konnte und selbstverständlich seine eigene Botschaft, von seinem treuen Schüler M. übermittelt, und Ramakrishna war mir in Europa mehrmals erschienen. Ich beschloß, diese Einladung zu benutzen, um auf seinen Spuren zu wandeln.

Bei meiner Ankunft in Bombay stürzten sich die Journalisten auf mich, die auf dem Flugplatz ständig auf Beute warten. Als ich ihnen erklärte, ich interessiere mich für Ramakrishna und wolle die Stätten besuchen, wo er gelebt und gelehrt habe, verwandelten sich die sensationshungrigen Zeitungsleute in warmherzige, kindliche Menschen. Der Name Ramakrishna war ein Zauberstab, der mir alle Türen öffnete. Natürlich hatte ich nichts von meinen Visionen gesagt.

Diese geheimen, heiligen Erlebnisse verriet ich erst meinen Yogi-Freunden in Pondichéry. Ich bat sie, nichts darüber zu äußern, aber die Nachricht, eine Europäerin habe den Meister gesehen, sickerte dennoch durch und verschaffte mir eine sonderbare Berühmtheit. Diese war nicht immer leicht zu ertragen, aber sie ebnete auch viele Schwierigkeiten: der Name des Meisters, verbunden mit dem meinen, öffnete mir nicht nur die Türen, sondern auch die Herzen.

Ich habe natürlich in Indien, in den Monaten, die ich dort verbrachte, nur eine bestimmte Auswahl von Menschen gesehen (obwohl ich niemals im Hotel und immer in einer rein indischen Umgebung lebte), und mein Urteil mag einseitig sein: das Wunderbare durchdringt auch heute noch das Leben auf diesem Kontinent. Die Menschen, ob sie es wollen oder nicht, sind von religiösem Gefühl durchtränkt. Das gilt besonders für die ältere Generation. Die Göttin der Jugend heißt: exakte Wissenschaft.

In Indien, und nur dort, sind mir die indischen Gottheiten erschienen.

Soll ich daraus schließen, daß solche Erscheinungen an einen Ort, an das betreffende Land gebunden sind?

Ich kann das mit Bestimmtheit verneinen. Denn ich begegnete ja den Bewohnern des Olymp, ohne je griechischen Boden betreten zu haben. Ramakrishna erschien mir in Europa, lange bevor ich Indien besuchte. Ich traf jenen uralten tibetanischen Mönch, ohne Tibet zu bereisen. Mein Sehen war an kein Land und keinen Ort gebunden. Ich glaube sogar, daß diese Unabhängigkeit von Ort und Zeit ein Charakteristikum dieser Art des Sehens ist.

Dennoch erblickte ich die indischen Göttergestalten nur dort. Ich beschrieb in Pondichéry meinen Freunden diese Gesichte, und sie sagten mir, daß ich Brahma, Krishna und Radha gesehen hätte. Diese Erlebnisse habe ich glücklicherweise sofort aufnotiert.

Einmal erschien mir eine weibliche Gestalt von unnachahmlicher Anmut, umflossen von langen goldblonden Haarwellen. Die Yogis erklärten mir, das sei Radha, die Freundin und Geliebte des jungen Gottes Krishna gewesen.

Nun kann man einwenden, daß ich bildliche Darstellungen dieser göttlichen Person gesehen hätte. Wer aber je einen Blick auf die Bilder geworfen hat, die von den indischen Göttern im Umlauf sind und die in allen Bazaren für einige Annas verkauft werden, primitivste, geschmacklose „Abziehbildchen", kann verstehen, daß diese Reproduktionen keinerlei Einfluß auf eine lebendige, hinreißend schöne, lebensgroße Erscheinung haben konnten. Ich wußte nichts von der Existenz dieser Göttergeliebten und kenne auch heute den Grund ihres Kommens nicht. Meine Freunde erklärten mir, daß ihre Haltung, diese vollendete Grazie und hingebende Weichheit der Bewegung, absolut typisch für Radha seien.

Was unter Radha-Liebe zu verstehen ist, erläuterte mir später ein würdiger alter Herr, ein Industrieller aus Bombay, der nach Pondichéry gekommen war, um der „Mother“ seine Ehrerbietung zu bezeugen. Er sagte, auf seine eigene Brust deutend: „Du glaubst, Du bist ein großer Mann in Bombay, Mr. Soundso, aber das ist ein Irrtum. Du bist Radha, Deine Seele ist Radha, jeder Mann hat eine Radha-Seele.“

Ich war von dieser Urerfahrung der weiblichen Qualität der Seele, der Anima des Mannes, tief berührt.

Der göttliche Krishna erschien mir als Kind, umflossen von hellgoldenem Licht. Er ist die populärste Göttergestalt in Indien; es umgibt ihn ein Mythenkranz, der in jedem Hindu lebendig ist. Besonders seine Kindheit und Jugend, sein Leben unter den Hirten, spielt eine große Rolle und wird unaufhörlich in Tänzen wiedererlebt und dargestellt. Er wird geliebt und verehrt wie das Jesuskind, und seine Geschichte ist vielen Indern realer als die moderne Wirklichkeit.

Das erschütternde Erlebnis in Indien ist diese Realität des Psychischen, der inneren Welt, und mehr noch, der Glaube an eine geistige Welt, die das irdische Leben ständig durchdringt. Diese Beziehung zu einer anderen Dimension ist den Hindu — jedenfalls denen, die mir begegneten — das einzig Wichtige.

Es geschah mehrmals, daß mir die Frage gestellt wurde — und zwar sofort, am Anfang eines Gesprächs: „Halten Sie, als Psychologin, Visionen für krankhafte Erscheinungen?“ Als ich erklärte, daß echte Visionen und Halluzinationen pathologischer Art deutlich zu unterscheiden seien, bekam ich die interessantesten Erfahrungen zu hören.

Hier möchte ich einige Hauptpunkte der Lehre von Sri Aurobindo anführen, die eine Synthese aller Yogalehren darstellt, Ideen, die für das Verständnis von Jenseitserfahrungen äußerst bedeutsam sind.

Es gibt Götter (Deva) und Dämonen (Asura), die als Manifestationen des Einen, Göttlichen, wirken, und wir können diese Wesen sehen. Diese sind nicht Projektionen subjektiver Elemente im Menschen, sondern Wesenheiten, die außer uns und unabhängig von uns existieren.

Über dem menschlichen Bewußtsein (mind), liegen andere Bewußtseinszonen (overmind und super-conscious mind), die uns zeitweilig bewußt werden können, z. B. in der Vision.

Diese höheren Bewußtseinszustände können in das intellektuelle Bewußtsein geführt und bis in das Körpergefühl hinab bewußt gemacht werden.

Das Bewußtsein (mind) ist kein zureichendes Werkzeug, um das „super-conscious" zu verstehen. Das heißt, eine Kritik des Verstandes an übernatürlichen Erlebnissen ist falsch. „Super-conscious" kann nur mit „super-conscious" gemessen werden. Der Integrale Yoga Sri Aurobindo's hat zum Ziel, den ganzen Menschen mit dem höchsten Bewußtsein zu erfüllen.

Das Streben geht hinauf zur obersten Bewußtseinszone und wieder hinab in den Körper. So wird die Vision als kostbares Mittel der Erkenntnis hochgeschätzt und Sport als Weg der Durchdringung des Körpers durch den Geist gepflegt. Für Sri Aurobindo bedeutet Yoga keine Verneinung, sondern eine Erhöhung des Lebens.

Erfahrungen im Ashram von Pondichéry

Die geschlossene Atmosphäre in Pondichéry, das Gerichtetsein auf ein einziges Ziel waren gewiß günstig für innere Erlebnisse. Ich habe auch wirklich einige außerordentliche Einbrüche einer anderen Sphäre in die unsere erlebt, während ich im Ashram an dem religiösen Leben der Gemeinschaft teilnahm.

Natürlich konnte ich nicht alles, was ich dort beobachtete, kritiklos hinnehmen, besonders nicht die ungeheure Rolle, die Sport und Gymnastik zugeteilt war, — selbst wenn ich den tieferen Sinn dieser Leibesübungen verstand. Und noch weniger konnte ich zu dem Kult Ja sagen, welcher der Leiterin des Ashram gewidmet wurde.

Wer war die „Mother"? Diese Frage drängte sich unaufhörlich vor, je mehr ich am Leben der Gemeinschaft teil hatte. Sie wurde als Göttin verehrt — Sri Aurobindo selbst hatte sie als Inkarnation der Großen Mutter eingesetzt.

Auf meine erstaunte Frage, wie das denn möglich sei, wurde mir erklärt: „Es hat immer Avatare gegeben, Ramakrishna, euren Christus — warum nicht in heutiger Zeit? Sri Aurobindo hat sich selbst nie als Avatar eines Gottes empfunden — von der Mutter aber wußte er, daß sie eine Göttin ist."

Es war erschütternd und revoltierend zugleich, zu beobachten, wie sehr diese alte Frau von den Seelen Besitz ergriff. Hier wurde gelebt, daß für heutige Menschen ein Einbruch anderer Sphären in die irdische denkbar war. Er wurde in jeder kleinsten Regung des Alltags zum Ereignis.

Da saßen die jungen Mädchen in den Ateliers und fertigten in monatelanger, mühseliger Arbeit die gestickten Schleier an, die „la Mère" ein einziges Mal tragen würde. Da thronte sie, wie ein lebendig gewordenes Heiligenbild, auf erhöhtem Sitz, und die Insassen des Ashram zogen an ihr vorüber, ihren Segen zu empfangen. Und immer g a b s i e e t w a s, ein Geschenk, einen Sari, eine kleine Blume, von denen jede für den Empfänger eine besondere Bedeutung hatte, wie „mystische Liebe", „Meditation"; oder sie schenkte eine Süßigkeit, ein Photo von Sri Aurobindo und ihr selbst. Die Suggestion, die von ihr ausging, war ungeheuer. Es hieß, sie habe in Ägypten eine okkulte Schulung durchgemacht. Ihr Blick war magnetisch, und wie eine Tierbändigerin bannte sie die Menschen mit ihren Augen.

Zweifellos hatte diese überaus gescheite und organisatorisch begabte Französin mit dem Ashram ein großes soziales Werk geschaffen und Tausende aus dem herzzerreißenden Elend gerettet, das einem sonst auf Schritt und Tritt begegnete — aber ihre Mittel der Verzauberung waren erstaunlich. Sie machte die Menschen, die ihr blind und fanatisch anhingen, wirklich zu kleinen Kindern.

Was mich im Ashram beschäftigte und auch heute noch veranlaßt, mich mit der „Mother" auseinanderzusetzen, war nicht ihre Leistung — diese war unleugbar, war konkret — es war der metaphysische und parapsychologische Hintergrund des Ashram.

Sri Aurobindo hatte diese Frau als Schöpferin und Leiterin der neuen Gemeinschaft eingesetzt, und zwar zur gleichen Stunde, als er sich von der Welt zurückzog. Sein Geist wirkte von innen her, und nur viermal im Jahr war der Meister sichtbar, als archetypische Gestalt, neben der „Großen Mutter" sitzend, unter einem Tigerfell, zwei regungslose Götterbilder, vor deren Majestät mehrere Tausende von Gläubigen sich schweigend verneigten.

Darunter befanden sich nicht nur Arme und Ungebildete, sondern kultivierte Inder, wie der Konsul, Beamte, Kaufleute und Offiziere. Auch manche Europäer erfüllten die sonst unzugänglichen Treppen und Räume.

Macht der Abendländer sich genügend klar, welch inneres Schauspiel sich da unter dem äußeren Prunk vollzog? Welch eine Macht des Glaubens da entfesselt wurde? Ganz anders als in Lourdes oder in Rom, denn hier handelte es sich um den Kult einer lebenden göttlichen Person.

Und wie verstand diese kluge Frau den Mythos, der sich um sie spann, zu unterhalten! Wie nährte sie die kollektive Projektion der Mutter-Imago auf ihre Person!

Sie wußte alles, was im Ashram vorging, bis in die geringste Kleinigkeit. Und es handelte sich hier um mehr als tausend Bewohner und viele Dienstleute, zwei Musterfarmen, unzählige Ateliers, eine Druckerei, in der in neun oder zehn Sprachen die Werke Sri Aurobindo's verbreitet wurden, mehrere Schulen und eine Universität. Es hieß, sie schliefe nie, sie läse die Gedanken der Menschen, sie besitze übernatürliche Kräfte der Heilung. Jeden Abend erschien sie auf einem der riesigen Sportplätze, diese sechsundsiebzigjährige Greisin, herrlich angetan. Da stand sie vor der Karte Indiens, als Mother India, und die jungen Athleten, die alten Professoren, die Mädchen und Frauen in shorts (undenkbar, ohne Sari!), alles, was Beine hatte im Ashram, zog unter klingendem Spiel an ihr vorbei.

Einige Sekunden völliger Dunkelheit — und nur die Gestalt der Mutter-Göttin erscheint in blendendem Licht.

Diese Deifikation einer geliebten und verehrten Frau in unserer Zeit ist übrigens kein einzigartiger Fall. Kein

Geringerer als der Philosoph Auguste Comte hat seine Seelenfreundin Clotilde de Vaux nach ihrem Tode (1843) als Göttin angebetet. Sie spielt die Rolle der Muttergottes in seiner neu gegründeten Religion. Die „positivistische" Kapelle ist in Paris, rue Payenne, neben dem Musée Carnavalet, heute noch zu sehen. Der neuen Göttin wird ein systematisch ausgearbeiteter Ritus gewidmet und ihre Gestalt, die mit der Hl. Jungfrau der katholischen Kirche verschmilzt, wird den überraschten und teils widerwilligen Anhängern aufgedrängt.

Wir sehen hier aufs Klarste den Mechanismus des Seelenbildes. Auguste Comte verehrt, liebt, vergöttert die junge, reizvolle, verlassene Frau. Er wird von ihr als Liebhaber zurückgewiesen, sanft, aber bestimmt, — als Freund und Bewunderer aber von der einsamen Schwindsüchtigen angenommen. Die Beziehung dauert ein Jahr.

Nach dem Verlöschen der Freundin muß etwas geschehen, die psychische Energie muß eine Richtung, einen Abfluß finden. Er stellt Clotilde auf eine höhere Ebene, er vergöttlicht und verewigt sie. Ein neuer Faust, verwandelt er die Geliebte und damit sich selbst.

André Thérive in seiner streng historischen Biographie: Clotilde de Vaux ou La Déesse Morte, beschreibt die Beziehung der beiden Menschen, die in hunderten von Briefen festgelegt ist, ohne aber den Begriff der Anima und die Projektion des Seelenbildes auf die Geliebte mit einzubeziehen. Mir scheint die Anima aber der Schlüssel zu der Psychologie von Auguste Comte zu sein und zu den unerhörten Widersprüchen in seinem Wesen.

Man kann auch eine eigentümliche Parallele zu Dante und seiner Liebe zu Beatrice finden. Denn auch hier handelt es sich um eine unglückliche, nicht erwiderte Neigung des großen Dichters. Er vergöttlicht Beatrice zwar nicht, doch er weist ihr übernatürliche Kräfte zu.

Das Wesentliche in Pondichéry aber war mir das Haus von Dilip Kumar Roy und Indira und was ich dort erlebte.

Die schönste Blüte Indiens war für mich Indira Devi. In ihr vereinigte sich vollendete Weiblichkeit mit uralter Tradition. In ihrem Tanz, den sie ständig mit einem Meister vervollkommnete, lebten die Götter auf. Sie war Dichterin, Tänzerin und Seherin zugleich.

Das erste Mal erblickte ich sie nur von Ferne, in Madras. Ich war, wie fast jeden Tag, zum Abendgottesdienst, dem Arati, mit einer Rikshah ins Ramakrishna-Kloster gefahren und stieg langsam die geschnitzte weiße Treppe hinab, die vom „Shrine", dem Allerheiligsten, in die offene Säulenhalle führt. In dem weiten Raum waren Matten ausgebreitet und dort kauerten, umgeben von einigen Mönchen und Novizen, drei Personen: ein älterer Mann in einem goldgelben Gewand, mit einem bedeutenden Musikerkopf, ein graulockiger Mann, der zwei indische Trommeln vor sich hatte, und eine schöne junge Frau in einem hellen Sari.

Es wurde mir, wie immer, freundlich ein Sessel gebracht, und es wurde mir erklärt, daß ein berühmter Yogi, Musiker und Dichter, Sri Dilip Kumar Roy aus Pondichéry, gekommen sei, um mit seiner Schülerin Indira Devi im Kloster ein Konzert zu geben.

Die Mondnacht, die von allen Seiten in die Halle strömte, war unsäglich schön. In ihre Stille hinein klang Dilip's Musik, sein Harmonium, seine Stimme und Indira's Gesang. Sie wiegte leicht den Kopf, während sie den Improvisationen ihres Meisters folgte. Sie schien sich führen zu lassen, aber mir war, als ob sie es war, die den Künstler inspirierte. Die Einheit der Schöpfung, die sich ergab, war außerordentlich. Sie versöhnte mich mit der indischen Musik, deren Monotonie mich bis dahin mehr enerviert als erfreut hatte.

Später, in Pondichéry, sah ich diese Tonwellen in Farben, dunkelblau und tiefviolett, die den Raum in einer sonderbaren Dichte, wie Weihrauch, erfüllten und langsam zur Decke des Zimmers, das den häuslichen „Shrine“ enthielt, emporstiegen. Diese visuelle Erfahrung, die keine europäische Musik mir je vermittelt hatte, geschah mir während des Abendgottesdienstes in Sri Dilip's Haus. Aber ich hatte dort noch andere wunderbare Erlebnisse.

Es begann damit, daß diese beiden Menschen, die

ich in Madras nicht kennen lernte, mich im Ashram erwarteten, als ich dort eintraf. Indira hatte von „Mira“ eine Botschaft bekommen: „Eine Dame aus Europa wird zu euch zu Besuch kommen. Ihr könnt Vertrauen zu ihr haben.“

Dies war eine unter den Hunderten von Botschaften, die Indira empfing. Sie führte ein Tagebuch ihrer okkulten Erlebnisse mit genauen Angaben der Daten, so daß ihre prophetischen Träume und Gesichte durchaus kontrollierbar waren. Sie hatte nicht nur Wahrträume und Visionen, sondern auch ausgesprochene psychometrische Fähigkeiten. So las sie die Briefe, die sie und Dilip empfingen, durch die Umschläge hindurch, sie beschrieb darin enthaltene Photos, mit genauer Angabe aller Einzelheiten. Ich besitze Aufzeichnungen von Dilip in englischer Sprache, die eine lange Reihe solcher Demonstrationen enthalten.

Das war aber nur der geringste Teil von Indira's Fähigkeiten und ihrer außerordentlichen Persönlichkeit. Sie war mehr als ein Medium, mehr als eine Sensitive. Zu allem Übrigen war sie mit einem eisernen Willen begabt. Sie kam aus dem Pakistan und ihre Vorfahren waren arabischer Abstammung. Sie hatte außer ihrer Sensitivität den schärfsten logischen Verstand, den ich bei irgendeinem Menschen, Mann oder Frau, in Indien beobachtet habe.

Als ich eines Abends in ihr Haus kam, wurde mir zugeflüstert, Indira sei in Trance, ich könne aber leise hineingehen, sie würde mein Kommen nicht bemerken.

Sie kauerte in einer Ecke des besonderen Raumes, der den Hausaltar enthielt, das Gesicht von einem durchsichtigen Sari verhüllt. So blieb sie lange unbeweglich, bis sie mit einer sonderbaren, fremden Stimme zu sprechen begann. Sie war nicht mehr Indira, — ihre Sprache, ihr Ausdruck waren verändert, wie von einer fremden Wesenheit durchtränkt.

„Sie ist Mira, die Bettlerprinzessin", flüsterte Dilip mir zu, „Mira gibt ihr Gedichte ein. Indira spricht eine Sprache, die sie im wachen Zustand nicht kennt, und dazu in einer mittelalterlichen Form."

Dilip und ein Freund, die dieses altertümliche Idiom, eine der unzähligen Sprachen Indiens, kannten, schrieben fieberhaft auf, was Indira vor sich hin murmelte. Dilip übersetzte die Gedichte später ins Bengali und ins Englische.

„Wer war Mira?" Ich stellte meine Frage, als Indira erwacht war, und Dilip gab mir bereitwillig Auskunft. Es machte ihm Vergnügen, diese Dinge zu verbreiten; er war, obwohl ein Yogi, noch sehr weltlich eingestellt, wie er selbst zugab, und liebte „publicity", ganz im Gegensatz zu Indira, die völlig in der inneren Welt aufging.

„Mira Bai war eine Prinzessin, die im fünfzehnten Jahrhundert lebte. Sie war vornehm, schön und reich, als sie alles verließ, um zurückgezogen in einem Tempel zu leben und später als Bettlernonne das Land zu durchziehen, ihre Lieder singend, als einer der größten Dichter Indiens."

„Wie Indira", meinte ich. Denn tatsächlich hatte Indira das reiche Haus ihres Gatten verlassen, um mit Dilip ein viel einfacheres, wenn auch nicht armes Leben zu führen.

„Mira Bai war von ihrer Familie verstoßen worden, als sie an dem glänzenden Leben des Hofes nicht teilnehmen wollte, sondern ein asketisches Dasein vorzog, aber ihr Mann liebte sie und wollte sich nicht von ihr trennen", meinte Dilip lächelnd, „auch Indiras Mann hängt immer noch an ihr und bittet sie, zu ihm zurückzukehren."

Wie war die Beziehung dieser beiden Menschen, Dilip und Indira? Sie nannte ihren Meister „Dâda", d. h. Großvater, er war ihr Guru — aber mir schien immer, als ob sie, die so viel Jüngere, die Überlegene, die Führende sei. Sie wohnten im gleichen Haus, dem schönsten, gastlichsten des Ashram, wie Geschwister, in einer seelischen und geistigen Verbindung, die mir sehr harmonisch schien.

„Indira lebt in ständiger Kommunion mit Mira", fügte Dilip hinzu. „Sie sieht sie alle Tage, und nicht nur im Trance. Sie kann Ihnen Miras Aussehen beschreiben, aber leider gibt es kein Bildnis der Dichterin. Wir besitzen Bände von Liedern, die sie Indira im Zustand der Entrückung eingibt, und diese Verse setze ich in

Musik. Das waren die Gesänge, die Sie in Madras gehört haben. Übermorgen werden wir ein Konzert hier im Hause geben und da werden Sie noch andere Lieder von Mira Bai hören."

In der Nacht darauf hatte ich ein außerordentliches Gesicht: einen überlebensgroßen, braunbärtigen Mann, der etwas unerhört Großartiges, Übermenschliches hatte. Er befand sich in einer Landschaft, nicht weit von einem riesigen, schattenspendenden Baum.

Ich notierte das Erlebnis sofort.

Am nächsten Morgen beschrieb ich Indira die Erscheinung, und sie meinte, daß dieser Mann Züge von Brahma habe. Wir wurden unterbrochen.

Am 15. August 1952 war das Konzert in Dilips Haus. Indira war nicht sichtbar, sie hatte sich allein in den Raum mit dem Hausaltar zurückgezogen. Ein Freund des Hauses gab mir zu verstehen, daß sie im Zustand des Samâdhi sei.

Der große Empfangsraum aber war erfüllt von Menschen, von Sadhaks aus dem Ashram, aber auch von anderen Leuten, Offizieren und Beamten der Administration.

Musik in Sri Dilip's Haus! Das Harmonium ruht auf seinem Kissen aus goldgelbem Brokat, und Dilip spielt und singt. Seine rechte Hand berührt die Tasten, die linke öffnet und schließt die bewegliche Rückwand. Er kauert auf einer Matte, und neben ihm hockt sein getreuer Begleiter, der zwei indische Trommeln mit ungemeiner Kraft und Geschicklichkeit handhabt.

Dieser Musiksaal, in dem Indira zu tanzen pflegt, ist von allen Seiten von Veranden und offenen Zimmern umgeben. Ich erkenne unter den weißen, kauernden Gestalten die beiden kleinen Söhne von Indira, die im Ashram erzogen werden.

Eben ist eine offizielle Persönlichkeit eingetreten; es ist der Minister für Kultur und Erziehung, in seiner typischen Kleidung und weißen Kongreßmütze.

Dilip spielt und singt eine Hymne, eine Inspiration von Mira, der Bettlerprinzessin. Er ist in Stimmung, er reißt seine Zuhörer mit.

Plötzlich gibt es eine Unterbrechung. Der Minister erhebt sich und bittet, einen fremden Besucher zu empfangen, der eben durch die äußere Veranda hereingekommen ist. Ich bewundere Dilip, der keine Spur von Verstimmung zeigt, sondern der sich sofort aus dem inspirierten Künstler in einen vollendeten Hausherrn verwandelt.

Der Fremde wird willkommen geheißen, und herein tritt die seltsamste Gestalt, die ich auf Erden jemals sah.

Es ist ein Sannyasin, ein wandernder Bettelmönch. Er hat dunkelbraune Haare, die von der Sonne rötlich verfärbt sind, und die auf dem Scheitel zu einem Knoten, einer Art Krone, verschlungen sind. Er trägt den zerfetzten Rest eines ockerfarbenen Gewandes und auf seinen Schultern ein Tigerfell. Sein langer, brauner Bart ist verwildert wie sein Haar, sein Gesicht ist mit Sandelmehl grau bemalt, besonders an den Schläfen und um die Augen herum.

Er blickt niemand an und läßt sich schweigend an Dilip's Seite auf der Matte nieder.

Nun werden ihm seine Instrumente gebracht, und er nimmt sehr sorgsam zwei indische Zithern aus einem kleinen, mit Fell bezogenen Handkoffer und schickt sich an, zu spielen.

Da ergreift der Minister noch einmal das Wort und erklärt: „Dieser Sannyasin ist ein hochgebildeter Mann, der aus einer Brahmanenfamilie stammt und der an der Universität Calcutta seinen philosophischen Doktor gemacht hat. Er hat alles aufgegeben, um die Wahrheit zu finden. Wenn er nicht spricht, so hat das seinen Grund. Er hat vor zwei Jahren das Gelübde des Schweigens abgelegt."

Ich kann von meinem Sitz aus alles deutlich beobachten, und ich betrachte die Hände des Sannyasin. Es sind unirdisch schöne, auffallend helle, ausdrucksvolle Hände, von äußerster Sensibilität.

Dann beginnt er zu spielen, und es versinkt um mich die Welt. Es klingt nicht wie Zitherspiel, eher wie Harfentöne, aber diese Musik ist mit nichts zu vergleichen, mit keinen Worten auch nur annähernd zu beschreiben. Die Trommellaute, die Dilip's Begleiter nun mit äußerster Konzentration dem unbekannten Spieler anpaßt, geben einen dunklen Hintergrund zu den süßen, vollen Tönen, die der Fremde seinen beiden Instrumenten entlockt.

Sein Gesicht verklärt sich, es verliert den Ausdruck

einer stillen, gütigen Ironie, ja, es trägt nun das Zeichen der Entrückung.

Der Sannyasin spielt für seinen Gott, er vergißt die Zuhörer, vergißt sich selbst. Seine Töne sind wie ein silbernes Gespinst, wie fließendes Mondlicht auf dem Meer. Nichts Menschliches ist mehr darin — nur eine ewige Sehnsucht. Wo hat der einsame Wanderer, der seine Nächte auf den Stufen der Tempel, oder in einem Hain verbringt, diese Töne vernommen? Kamen sie, wie Mira's Gesänge zu Indira, zu ihm in seiner tiefsten Selbstaufgabe und Meditation?

Vielleicht war es die Musik der Sphären, die dieser erlesene Mensch gehört hatte und die er nun von Ort zu Ort zu denen trug, die Ohren hatten, zu hören.

„Wie finden Sie ihn?" fragte mich Dilip, der mit angespannter Aufmerksamkeit und wachsender Bewunderung dem Spiel gefolgt war. Auch Indira hatte, von einer stillen Ecke aus, ohne gesehen zu werden, zugehört.

„Oh, wunderbar!" antwortete ich. Später, als wir mit Indira allein geblieben waren, fügte ich hinzu: „Und das Wunderbarste ist, daß ich diesen Mann vor zwei Nächten in einer Vision gesehen habe. Er war der braunbärtige, göttergleiche Mann, von dem ich Euch berichtete. Er war es und kein anderer."

Die Lehre von Sri Aurobindo hat dem westlichen Menschen und besonders dem Psychologen etwas zu sagen und speziell hinsichtlich der Visionen, Träume und Bewußtseinszonen.

Wie bereits bemerkt wurde, bedeuten für ihn Visionen, wenn sie echt sind, Einbrüche einer höheren Bewußtseinsschicht (supra-conscious mind) in das gewöhnliche Tagesbewußtsein (mind).

Ob eine Vision e c h t ist und ob sie wirklich aus höheren Ebenen stammt, erkennt er an ihrem L i c h t. Sri Aurobindo gibt darüber genaue Erklärungen in seinen Werken und besonders in seinen Briefen. (Er schrieb, nachdem er sich im Ashram vollkommen von der Welt zurückgezogen hatte und niemand mehr sah außer der „Mother" und einigen Eingeweihten und Dienern, unzählige Briefe an seine Schüler. Dilip Kumar Roy allein besitzt über tausend dieser Schreiben).

Ein weiß-bläuliches Licht und ein goldener Glanz, die eine Erscheinung umgeben, sind sichere Zeichen für den Einbruch der höheren Geisteswelt in das Tagesbewußtsein.

Ich erinnere mich, daß er auch ein rosig-goldenes Licht erwähnt. In meinen eigenen Erlebnissen waren die Erscheinungen oft silbrig, hell-golden, pfirsichfarben oder leuchtend weiß, manchmal mit einem bläulichen Schein.

Ramakrishna strahlte dieses weißbläuliche Licht aus, und zwar so stark, daß es fast nicht zu ertragen war. Dieser Strahl kam aus der Mitte der Stirn (dem geistigen Auge), und aus der Gegend des Brustbeins.

Einmal sah ich ihn aber auch in ganz natürlichen Farben, die nur intensiver waren als die Farben auf der Erde. Er hatte einen Stab in der Hand, als wolle er sich zum Wandern anschicken, und blickte mich sehr freundlich, mit großer Selbstverständlichkeit an. Das geschah mir, als ich in Madras am Abendgottesdienst im Ramakrishna-Kloster teilnahm.

In Indien wird Ramakrishna als einziger — und keiner seiner Schüler — als Avatar verehrt und von manchen Menschen auf die gleiche Stufe wie Christus gestellt.

Nur ihm wird ein Puja gewidmet. Wie einem geehrten und geliebten Gast werden ihm von einem Swâmi die fünf Elemente dargebracht: Feuer, Wasser, Erde (in Form einer weißen Blume), Raum (ein weißes gefaltetes Tuch), Luft, in Form eines wehenden, weißen Roßschweifes.

Im Feuer-Puja ist die Idee ausgedrückt, daß Ramakrishna, der Avatar eines Gottes, im Feuer enthalten ist.

Ich erinnere mich deutlich daran, wie nach dem Gottesdienst das Feuer, in Form mehrerer aufgereihter Kerzen, den Andächtigen hingereicht wurde und wie ich meine Finger sekundenlang in diese Flammen tauchte.

Hier seien noch einige Worte über Schicksal und Sterne von Sri Aurobindo eingeflochten, die sich in einem Brief an Dilip Kumar Roy finden, veröffentlicht in seinem Band: „Among the Great".

„Astrologie? Viele astrologische Voraussagen haben sich bewahrheitet, wirklich eine große Anzahl. Aber daraus folgt nicht, daß die Sterne unser Schicksal bestimmen. Die Sterne zeigen vielleicht nur das Schicksal an, das schon geformt ist; sie sind Hieroglyphen, nicht Kräfte. Oder, wenn ihr Tun eine Kraft darstellt, so handelt es sich um eine Übertragung von Kraft, nicht um eine schöpferische Macht. Es ist vielmehr so, daß jemand oder etwas vorhanden ist, das wir Schicksal nennen wollen; die Sterne geben nur Fingerzeige. Die Astrologen selbst sagen, daß immer zwei Faktoren am Werke sind: das Schicksal und die individuelle Kraft des Menschen. Diese individuelle Kraft kann das Geschick modifizieren und ihm sogar seine Macht entziehen.

Außerdem zeigen die Sterne oft mehrere Schicksalsmöglichkeiten an: z. B. daß jemand im mittleren Alter sterben wird, daß aber, wenn der schwierige Punkt überwunden ist, der betreffende Mensch ein hohes Alter erreichen kann. Schließlich hat es Fälle gegeben, wo die Voraussagen des Horoskops bis zu einem gewissen Alter des Individuums mit großer Genauigkeit eintrafen — aber eines Tages nicht mehr. Dieses Phänomen kommt häufig vor, wenn ein Mensch sich vom gewöhnlichen Leben abkehrt, um ein geistiges Ziel zu verfolgen. Wenn die Umkehr radikal ist, dann kann auch das Aufhören der Richtigkeit der Voraussagen radikal sein. Sonst kann es auch vorkommen, daß manche Voraussagen für eine gewisse Zeit noch gültig sind — aber doch mit einem Unterschied gegen früher: es besteht nicht mehr dieselbe Unausweichlichkeit des Schicksals.

Das scheint zu bedeuten, daß eine höhere Macht existiert, oder daß eine höhere Ebene vorhanden ist, auf welcher die Gesetze des Schicksals aufgehoben werden."

Eine Astrologin, überzeugte Katholikin, bestätigte mir die Aussage des indischen Philosophen. Sie hatte beobachtet, daß nach echten Konversionen das Horoskop, das vorher richtige Schicksalsdaten angezeigt hatte, von nun an nicht mehr stimmte.

Sieben Jahre waren seit meiner indischen Reise vergangen. Da holte ich, als ich das Kapitel über Indien schrieb, die Sammlung der Botschaften Miras hervor, an die ich inzwischen nie mehr gedacht hatte. Ihre Worte, die so sehr den Stempel der erlebten Wahrheit trugen, ihr Leben, das völlig der Liebe zu Krishna geweiht war, ergriffen mich aufs Neue. Die Lieder und Gleichnisse erinnerten mich an die Aussprüche von Ramakrishna. Sie haben, mehrere Jahrhunderte vor dem Erscheinen des Meisters, dieselbe Lebensnähe, den gesunden Menschenverstand und den Charme der Worte des Weisen von Dakshineswar.

Während ich Miras Botschaften las, wurde die Sehnsucht in mir wach, Mira zu sehen, so wirklich, so natürlich, wie sie Indira erschienen war.

Da, eines Tages, aus einem leichten Schlummer erwachend, erblickte ich ein Wesen, das — ich wußte es sofort — das Mira war.

Dicht vor mir erschien ein feiner kleiner Kopf, ein längliches Oval mit hellbräunlicher Haut, mit schwarzen Haaren, die in glatten Strähnen auf die mageren Schultern fielen. Sie trug nicht — das fiel mir auf — den kleidsamen Sari, sondern sie war in ein braunes, ärmliches Gewand gehüllt und war ganz ohne Schmuck.

Sie sah mich an, mit jenem Blick der Wesen aus dem Jenseits, der unvergeßlich ist, so voller Tiefe, Wissen und unbeschreiblichem Ernst.

Ich kannte dieses Antlitz nicht — und doch erkannte ich es sofort. Etwas unsäglich Vertrautes war da vor mir, so als hätten wir zusammen zu Füßen eines Meisters gekauert; vielleicht lebte hier wieder eines der karmischen Bande meines Lebens auf. Aus späteren Studien ging hervor, daß Miras Guru ein Schüler von Sri Chaitanya gewesen war, von jenem Heiligen, der mir damals in Indien erschienen war.

Pârvathi und der Kampf um ihr Haar

Welch ungeheure Rolle die Träume — immer als prophetisch, als Offenbarung aufgefaßt — auch heute noch im Leben Indiens spielen, möchte ich an einem Beispiel zeigen.

Diese wahre Geschichte verdanke ich einer Hindu-Witwe, die mir in den Wochen, in denen ich, bei meinen indischen Verwandten, im selben Hause mit ihr lebte, zu einer Freundin wurde.

Wieder sehen wir, wie selbstverständlich die anderen Sphären in das Alltagsleben einbezogen sind, wie Diesseits und Jenseits einander ständig durchdringen.

Die Witwen in den Brahmanenfamilien werden seit langem nicht mehr verbrannt, d. h. sie springen nicht mehr „freiwillig“ ihrem toten Gatten nach auf den Scheiterhaufen, aber ihr Leben ist eine Art verlängerter Tod: es wird ihnen jede Freude, jede Hoffnung, systematisch genommen.

„Eine indische Frau sieht in ihrem Gatten den Gott“, erklärte mir ein Inder, Richter in Madras, „sie braucht keinen anderen Gott als ihn.“

„Und wenn er stirbt, so erlischt mit ihm auch ihre Seele“, erwiderte ich. „Nur so kann ich mir diese Gebräuche erklären. Die Frau ist nur noch ein Schatten.“

Die Witwen dürfen keinen Phantasieschmuck tragen, sogar nicht die geliebten Armreifen aus farbigem Glas, sie dürfen an Festen nicht teilnehmen, nicht einmal an den Hochzeitsfeiern in der eigenen Familie, denn ihr Anblick könnte für die junge Frau ein böses Omen bedeuten. Es ist ihnen keine Farbe gestattet, außer einem trübseligen Grau-Weiß oder blassen Rosa, und selbst der kleidsame Tscholi, die eng anliegende Bluse unter dem Sarigewand, die die Büste der Frau zusammenhält, ist ihnen verboten. So erkennt man die Witwen sofort an den nackten, mageren Schultern unter dem herabgleitenden Sari, an der schlaffen Haltung, an dem müden, verbitterten Ausdruck des Gesichtes. Der Kopf dieser Frauen ist meist bedeckt, denn das Haar wird ihnen geschoren. Wohl haben die Witwen noch einigen Einfluß in der Familie, sofern sie Mütter oder Schwiegermütter sind, aber meistens sind sie Arbeitstiere zu Hause, oder Dienstboten in fremden Häusern.

Heute, im fortschrittlichen Indien, sind diese Sitten gemildert, besonders in den gebildeten Kreisen, aber sie leben unverändert in den ärmeren Schichten fort, und außerhalb der Städte in den unzähligen Dörfern und einzelnen Gehöften.

Niemand in Indien hat mich, die Europäerin, unfreundlich angesehen, außer einigen älteren Witwen. Ich sah beim Abendgottesdienst im Ramakrishna-Kloster ihre Augen starr und feindlich auf mich gerichtet. Diese Frauen, die nicht etwa ärmlich gekleidet waren, trugen nicht einmal die üblichen Brillantsternchen in den Ohren und Nasenflügeln. Und manche dieser Unglücklichen wurden als Kinder verheiratet und verloren ihren Mann, noch ehe sie richtig gelebt hatten.

Die Witwen, sogar die jungfräulichen unter ihnen, dürfen sich nicht wieder vermählen, oder nur, wenn alle übrigen Geschwister verheiratet sind. Und das will etwas sagen in den kinderreichen Familien Indiens.

Junge Frauen verschweigen häufig, daß sie ihren Mann verloren haben, als wäre es eine Schande. Sie schmücken ihre Zöpfe, wie ihre glücklicheren Schwestern, mit zierlichen Girlanden aus Rosen und Jasmin, aber sie haben kein Recht dazu.

Diese Schicksale sind so tragisch, weil die Möglichkeit, außerhalb der Ehe Liebe und Freundschaft zu finden, nicht besteht. Es gibt keine freien Liebesverhältnisse, oder nur äußerst versteckt, in Ausnahmefällen. Es gibt Ehe, Zoelibat oder Prostitution.

Sie kauert vor mir, Pârvathi, eine schöne, reife, schwere Frau. In wenigen Tagen feiert sie ihren neununddreißigsten Geburtstag. Sie ist zu mir gekommen, um mir ihre Träume zu erzählen, und da sie eine vielbeschäftigte Persönlichkeit in einem großen Kinderheim ist, so benutzt sie diese Plauderstunde, um ihr frischgewaschenes Haar zu trocknen. Die schwarzen Strähnen, nur von wenigen weißen Fäden durchzogen, fallen über ihre Schultern und ihren Rücken. Manchmal, im Sprechen, fährt sie mit der Hand durch den reichen, glänzenden Haarschmuck.

„Um Ihre Träume zu deuten, muß ich auch Ihr Leben kennen“, sage ich, von meinem Korbsessel her, und ich vertiefe mich in die Züge des dunklen Gesichtes, das mich an die Sibyllen der Sixtinischen Kapelle in Rom erinnert, die großen, ausdrucksvollen Augen, die starke, gerade Nase, die herrlichen Zähne zwischen den leicht bläulichen Lippen.

„Ja, gewiß“, antwortete sie in ihrem Indisch-Englisch mit dem rollenden R und dem fremdartigen, hüpfenden Rhythmus, „aber da muß ich bei meiner Mutter anfangen. Das Leben meiner Mutter mit ihren Träumen und mein eigenes Leben, das alles hängt ganz eng zusammen.“

Pârvathi stammt aus einer orthodoxen Brahmanenfamilie und ihr Vater war ein bedeutender Sanskritkenner, ein hochgebildeter Mann. Zwölf Jahre lang war die Ehe ihrer Eltern kinderlos. Da beschloß der Vater von Pârvathi's Mutter, etwas Energisches zu unternehmen, um diesem Unglück abzuhelfen. So führte er seine Tochter Sitalakshmi fort aus ihrem Heim in Madras und fuhr mit ihr in seinem besten Ochsenwagen in ein entferntes Dorf, nicht weit von dem berühmten Mahabalipuram, dem Ort der „Sieben Pagoden“, mit den riesigen, in Stein gehauenen Elefanten und den sechs vom Meer verschlungenen Tempeln. In diesem Dorf befand sich ein Tempel, der Göttin Pârvathi geweiht, der Großen Mutter, die den unfruchtbaren Frauen Kinder gab.

Es begann für Sitalakshmi eine schwere Zeit. Sie lebte von ihrem Gatten getrennt, denn in dieser Zeit des Dienstes an der Göttin war keine andere Hingabe erlaubt. Ihr Vater unterwarf sie einem wahren Training: sie durfte täglich nur eine Mahlzeit einnehmen und am Abend ein wenig Milch und Früchte genießen. Sie mußte jeden Tag, morgens und abends, ein hundert und acht Mal den Tempel umschreiten und dabei die unzähligen Namen der Göttin anrufen. Um sich im Zählen ihrer Umkreisungen nicht zu irren, hing sie, wie das üblich war, ein Säckchen an einen Baum und legte jedes Mal, wenn sie vorbeikam, einen Stein hinein. Und diese Vorbereitungszeit, die nur von den Tagen unterbrochen waren, wo sie „unrein" war, und von drei Tagen, an jedem einundvierzigsten Tag, wo ihr Gatte sie besuchen durfte, dauerte nicht weniger als sechs Monate. Am letzten Tage war es ihr nicht erlaubt, den Tempel, wie sonst, zu Fuß zu umkreisen, sondern sie mußte darum herumrollen. Ihr Vater und ihre Mutter halfen ihr dabei.

Endlich kam die entscheidende Stunde. Sitalakshmi, bleich und erschöpft, aber voll freudiger Hoffnung, wurde von den Priestern ins Innere des Tempels der Großen Göttin geleitet. Hinter dem Altar befand sich eine steinerne Bank; dort sollte sie ruhen und im heiligen Tempelschlaf das Urteil der Göttin erwarten.

Die junge Frau blieb allein, als sich die Priester, barfüßig, lautlos entfernten, nachdem sie ihre mit Asche grau gemalten Stirnen tief vor dem Bild der Gottheit gebeugt hatten. Sie blieb allein, mit allen Fibern der Göttin hingegeben. Sie bat, sie flehte um ein Kind.

In dieser Mittagstunde, auf der harten Steinbank, in der dämmerigen Stille des uralten Tempels, der noch von Weihrauch und dem Duft von welken Rosen und Jasmin erfüllt war, hatte sie einen Traum: ein Brahmane nähert sich ihr. Auf einem Tablett aus glänzendem Messing reicht er ihr vier Kokosnüsse, drei große und eine kleinere. Die kleine Kokosnuß wirft er auf den Boden, daß sie zerspringt.

Als die junge Frau, zitternd vor Erwartung, den Priestern ihren Traum erzählte, erfuhr sie seine Bedeutung: sie wird vier Kinder gebären, aber eines davon wird sterben.

Sitalakshmi kehrte zu ihrem Gatten zurück und nahm ihr eheliches Leben wieder auf. Nach Ablauf eines Jahres, als sie fünfundzwanzig Jahre alt war, erwartete sie ein Kind. In einem Traum erschien ihr eine Puppe mit Bluse und Röckchen, wie sie die kleinen Mädchen tragen. Da wußte sie, es würde eine Tochter sein. Als das Kind geboren war, wurde es der Göttin zu Ehren Pârvathi gennannt. Der Vater stiftete ein Reisfeld für die Opfergaben an die Göttin und schickte Geschenke für die Priester und die Armen in dem glückbringenden Dorf.

Nach einem Jahr erwartete Sitalakshmi ein zweites Kind. Wieder sagte ihr ein Traumbild, daß es eine Tochter sein würde. Sie nannte auch dieses Neugeborene nach der gnadenspendenden Göttin Pârvathi.

Als das Kind — es war die Erzählerin — zwei Jahre alt war, starb das Erstgeborene. Später, als die Mutter einen Sohn erwartete, erschien ihr im Traume Krishna, das göttliche Kind, und der Sohn wurde Krishna genannt. Als eine dritte Tochter geboren wurde, hatte sich der Wahrtraum erfüllt.

Pârvathi hatte eine glückliche Kindheit, sie wurde verwöhnt und geliebt. Da ihr Vater ein Feind der vorgeschriebenen Impfungen war, wurde sie nicht in die Schule geschickt. Ihr Vater und ein Lehrer, der ins Haus kam, unterrichteten sie in Sanskrit und allem, was eine Brahmanentochter wissen muß.

Bis zu ihrem zehnten Jahr wurde sie gefüttert; ihre Mutter und Großmutter formten Kügelchen aus Reis und Gemüse und steckten sie ihr in den Mund. Ihr Vater war reich, und für ihre Zukunft war gesorgt: bei ihrer Geburt wurde sie mit ihrem Vetter verlobt, der zwölf Jahre älter war als sie und der ihr Spielgefährte war, seit sie denken konnte.

Als Pârvathi ihr zehntes Lebensjahr erreicht hatte, fand die Hochzeit statt, mit aller Pracht, die in einem vornehmen Brahmanenhause üblich war. Aber erst als sie dreizehn Jahre alt war, ein volles Jahr nachdem sie die körperliche Reife erreicht hatte, wurde sie ihrem Gatten, im Hause ihrer Schwiegereltern, zugeführt. Sie war nun eine verheiratete Frau — aber sie war noch ein Kind.

Nun blühte sie auf, in der reichsten, glücklichsten Zeit ihres Lebens. Sie verehrte und liebte ihren Mann, sie hatte ein eigenes Haus, in dem bedeutende Männer ein- und ausgingen, sie teilte die politische Tätigkeit ihres Gatten. Einmal, so erzählte sie mir, wurde sie auf die Polizeiwache geführt und mußte dort eine Nacht verbringen. Sie hatte „Salz gemacht", d. h. Meerwasser gereinigt, und das offenkundig, in einer Straße von Madras, im Kampf gegen die englische Steuer, nach Gandhi's Vorschrift. Aber das geschah viel später, als das strahlende Licht ihres Lebens erloschen war. Ihr Mann starb nach zweijähriger Ehe an Typhus. Sie war nun sechzehn Jahre alt.

Der Schock war über alle Maßen furchtbar. Sie hatte nicht nur ihre Liebe verloren und ihr Glück, sondern auch das Recht auf ein eigenes Leben. Sie kehrte zu ihrem Vater zurück, aber die Verwandten ihres Mannes, Schwiegervater und Schwiegermutter, Schwäger und Schwägerinnen, die sie nie geliebt hatten, der ganze geschlossene Block einer orthodoxen Brahmanenfamilie, machte seine Rechte auf sie geltend. Sie gehörte nicht mehr in ihre eigene Familie, sondern in das Haus ihres Gatten. Und da war das Kind, ihr einziger Sohn.

Pârvathi war nun eine Witwe. Alle Unabhängigkeit, alle Lebensfreude war ihr auf immer genommen. Ihre Schwiegermutter wollte sie in die Küche stecken, zu den nie endenden Vorbereitungen für die rituellen Mahlzeiten. Ihr Leben lag vor ihr wie ein ewiges, graues Trauerjahr.

Das Schlimmste aber stand ihr noch bevor: am zehnten Tag nach Ableben des Gatten wird das Haar der brahmanischen Witwe geschoren. Pârvathi sollte ihr Haar verlieren, ihre sorgsam gepflegten, glänzend geölten Flechten, die bis zu den Knien herabreichten.

Fühlte die Sechzehnjährige, was sie aufgeben sollte,

das Symbol der Lebenskraft, das Zeichen ihrer Weiblichkeit? Es war mehr als der Kampf um ihre Schönheit, der nun einsetzte, es war das unerbittliche Ringen um ihr Leben, um ihre eigene Persönlichkeit.

Ihr Vater war plötzlich gestorben und er, der als reicher Mann galt, hatte nicht für die Seinen gesorgt. Pârvathi, entgegen allem Brauch, kehrte heim zu ihrer Mutter, die nun auch Witwe war. Die Verwandten ihres Mannes verfolgten Pârvathi, um ihr das Haar zu scheren, aber sie floh vor ihnen, sie versteckte sich. Sie wußte, die Zeit arbeitete für sie. Wenn am zehnten Tage nach dem Tod des Gatten die Witwe nicht geschoren ist, so soll das rituelle Scheren nicht mehr im Hause, sondern in einem Tempel vor sich gehen. Pârvathi war nun zum mindesten in ihrem Heim vor den Verfolgern sicher. Wenn innerhalb von zwölf Jahren die Haare nicht gefallen sind, so hat das Opfer keinen Sinn mehr und wird nicht verlangt.

Eine arme Witwe, immer auf der Hut vor den Brüdern ihres Mannes, die sie gewaltsam in einen Tempel schleppen konnten, ohne nützliche Kenntnisse und praktische Erfahrung, baute sich Pârvathi ein neues Leben auf und erzog ihren Sohn. Sie gab Stunden in ihrer Muttersprache, Telegu, sie vervollkommnete sich im Englischen und sie las.

Seit der Geburt ihres Kindes und schon vorher hatte sie Bücher über moderne Erziehung und Kinderpflege studiert. Ihr Mann hatte ihr englische Literatur, unter anderem die Werke von Susan Isaacs, gebracht. Die neuen Ideen erregten sie tief. So also sahen die Dinge aus, wie anders als damals, als Mutter und Großmutter ihr Gemüsekügelchen in den Mund steckten!

Eines Tages erhielt sie die Nachricht, daß ihr ältester Schwager, das Haupt der Familie und ihr schlimmster Verfolger, schwer krank war. Seine Mutter und seine Schwestern hatten es satt, den blutspuckenden Sterbenden zu betreuen und riefen Pârvathi zu Hilfe. Sie hatte den Mut, sich in das feindliche Haus hineinzuwagen und pflegte ihren Widersacher so aufopfernd, daß dieser verfügte, sie von nun an in Frieden zu lassen. So blieb Pârvathi im Besitz ihres Haares.

Bald darauf geschah die entscheidende Wendung. „Es kam so“, erzählte mir Pârvathi, sehr aufrecht auf dem Boden kauernd, und sie schob mit einer sicheren Bewegung die Falten ihres dunkelroten Sari zurecht. Die goldenen Armreifen klirrten dabei an ihren herrlich gemeißelten Armen und die breite, goldgewirkte Borte des Gewandes leuchtete. „Ich hörte, daß eine Ausstellung von Kinderzeichnungen und Handarbeiten in einer modernen Schule mit Kindergarten stattfand, und so ging ich hin. Ich fragte, ob ich nicht mitarbeiten dürfte, sogar ohne Gehalt, so sehr gefiel mir alles, und der Leiter der Schule und seine europäische Frau sagten: Ja. Später machte ich mein Examen als Kindergärtnerin, und nun bin ich hier.“

Sie sagte das so einfach, aber ich dachte an den langen,

schweren Weg, den sie durchmessen hatte. Ja, sie war hier als Leiterin des Kinderheims, das an die Schule angeschlossen war, und in den Falten ihres Sari bemerkte ich den riesigen Schlüsselbund.

„Und dann?“ fragte ich, denn ich hoffte, noch einiges über das persönliche Leben dieser ungewöhnlichen Frau zu erfahren.

„Dann habe ich mich um die Witwen gekümmert, die ich kannte, und es kamen andere, die mich um Hilfe baten. Ich habe Kurse für sie eingerichtet, Webkurse und englischen Unterricht, und habe ein Heim für verlassene und verwitwete Frauen gegründet. Sie können es besuchen, es befindet sich in einer Villa hier in der Nachbarschaft.“

„Und dann, und Sie selbst?“ drang ich in sie, denn ich spürte, daß sie mir entschlüpfen wollte.

Pârvathis Ausdruck veränderte sich; sie blickte nach innen. „Ich habe eine große Liebe erlebt, nach zehn Jahren der Einsamkeit“, erwiderte sie leise. „Der Mann, den ich liebe, ist nicht frei, — er wurde verheiratet wie ich, als er fast noch ein Kind war. Er wußte nicht, daß es das gibt: Freundschaft, Verstehen, Sich-Aussprechen —“ sie zögerte einen Augenblick: „Liebe. Jetzt teilen wir alles, auch die Sorge um seine Frau und seine Kinder.“

Wir schwiegen. War alles ausgesprochen, was zu sagen war? Da fiel mir ein, daß sie ja mit einer bestimmten Absicht zu mir gekommen war. „Und Ihre

Träume?“ fragte ich. „Wollten Sie nicht darüber mit mir sprechen?“

„Meine Träume“, antwortete sie lebhaft, „ach, es sind so viele. Aber kürzlich hatte ich einen Traum, an den ich immer wieder denken muß. Ich stand vor einer Höhle, in der viele Löwen waren, die schliefen. Zwischen den Löwen lagen einige Kinder aus dem Heim, Sie verstehen, die Kinder, die mir anvertraut sind. Ich schlich vorsichtig in die Höhle und holte die Kinder heraus, eines nach dem anderen, ganz leise, um die schlafenden Tiere nicht zu wecken.“

„Und was bedeutet ein Löwe für Sie?“ fragte ich.

„Macht“, erwiderte sie, ohne sich zu besinnen. „Ein Löwe ist ein edles Tier, stark und wild. Es ist nichts Kleines an ihm. Die Kinder sahen so hilflos aus zwischen den mächtigen Leibern der Raubtiere.“

„So haben Sie die Ihnen anvertrauten Kinder, Symbole Ihres eigenen Selbst, des Kostbarsten in Ihnen, vor Ihren drohenden Instinkten, Wildheit und Machtwille, gerettet. Ich denke, daß dieser Traum in Zeiten einer Krisis aus Ihren Tiefen heraufkam. Er zeigt deutlich eine Unterscheidung, eine Bewußtwerdung an, und auch eine wichtige Entscheidung. Die Höhle bedeutet die Dunkelheit des Unbewußten, aus dem Sie die Kinder, das Neue, das Werdende erretten. Früher, in Ihrer Jugend, kämpften Sie um Ihr Leben, um Ihr Haar, um Ihre Selbständigkeit als Mensch in der äußeren Welt. Dieser Kampf geht weiter, aber nun in Ihrem eigenen

Inneren. Immer geht es um das Beste, das Sie haben."

Pârvathi hatte mir mit gespannter Aufmerksamkeit zugehört. Nun schaute sie eine Weile gedankenvoll vor sich hin, ehe sie nickte.

Sie war mir so nahe in diesem Augenblick, diese Frau einer anderen Rasse und Kultur. Ich hätte ihr gerne die Hand gereicht, aber das ist in Indien nicht üblich. Ich sah sie nur an. Da blickte sie auf, und es traf mich ein warmer Strahl, unmittelbar vom Herzen her.

Wir waren, meine Verwandte und ich, in Madras in eine Brahmanenfamilie zum Kaffee eingeladen und wurden in ihrem Chrysler abgeholt.

Die Villa war angenehm im Grünen gelegen, der Salon war geräumig und luftig, die Sessel und das Sofa mit hellem Chintz bezogen, aber die typischen riesigen Photos der Eltern und Großeltern, die von den Wänden auf uns herabstarrten, waren geschmacklos. In diesem Lande, wo die großartigsten Tempel stehen, wo die Museen voll der herrlichsten Kunstwerke sind, gibt es keine Wohnkultur. Auf dem niedrigen Teetisch stand ein Aschenbecher mit einer Zigarettenreklame.

Im Laufe der Unterhaltung, die schwer in Gang kam, fragte ich mich im Stillen, warum diese Leute, ein jüngerer Kaufmann und Politiker und seine schöne junge Frau, mich eigentlich eingeladen hatten. Erst als ich mich zum Weggehen anschickte, kam es heraus: sie wollten etwas über ihre Träume wissen.

Der Mann, ein erfolgreicher businessman, etwas schwer und üppig für seine Jahre, der Kongreßpartei (Gandhi) angehörend, hatte geträumt, daß ein politischer Gegner ihn überfiele und tötete. Er wurde auf einer Bahre davongetragen. Nun hatte er Angst, daß sein Traum prophetisch sei und daß er wirklich, wie Gandhi, von der Hand eines Gegners sterben würde.

Ich erklärte ihm, nach bestem Wissen, daß Träume nicht nur in einem äußeren, sondern auch in einem inneren Sinn Wahrträume seien und daß er offenbar etwas in sich selber töte. Der Gegner befinde sich in ihm selbst. Der Traum zeige starke innere Gegensätze an, die seine Aktivität schwächten.

Der junge Mann war sehr beeindruckt, aber auch ich war es! So waren die Probleme überall dieselben. Auch diese Menschen, die ich für einheitlicher hielt als uns Europäer, waren innerlich gespalten und wurden von ihrem eigenen Schatten, ihrem Feind, verfolgt.

Darauf erzählte mir die junge Frau ihren Traum: ein kleines Kind sei von einer Brüstung hinuntergefallen und ein uralter Mann mit weißem Bart, der sie an Sri Sai Baba erinnerte, habe das Kind in seinen Armen aufgefangen.

„Ich habe sofort nach dem Erwachen auf unserem Hausaltar ein Puja gemacht und zu Sri Sai Baba gebetet, damit meinem Kind nichts Böses geschähe.“

Wieder deutete ich diesen Traum als Ausdruck des eigenen Inneren und versicherte der jungen Frau zu ihrer Beruhigung, daß von einem Verlust ihres Kindes nicht die Rede sei. Das kleine Kind symbolisiere ihr Selbst, das so kostbar sei, wie ihr eigenes Kind. Der ehrwürdige Alte stelle die traditionelle Weisheit dar, die in ihr lebendig sei. Ich fügte hinzu: „Da Sie Sri Sai Baba, einen großen Heiligen und Wundertäter, in dem alten Mann erblicken, so bedeutet der Traum, daß Sie Ihr Selbst, das Reinste und Höchste in Ihnen, zwar vernachlässigen und fallen lassen, daß aber eine Kraft in Ihnen, die Wunder tun kann, das Kind errettet."

Wir waren alle sehr befriedigt und schieden als Freunde.

Wie aber war mir zumute, als mir kurze Zeit darauf meine Verwandte nach Paris schrieb, daß die junge Frau ganz plötzlich gestorben sei!

So war ihr Traum, in dem sie hinunter fiel — im Bild des Kindes — und eine höhere Macht sie auffing, ein prophetischer Traum gewesen!

Das nimmt jedoch der psychologischen Einsicht nichts von ihrem Wert. Ich glaube im Gegenteil, daß auch prophetische Träume auf ihren seelischen Gehalt hin, ihre Beziehung zum Träumer, untersucht werden sollten. Das „Ereignis, das eintritt" ist vielleicht die Folge, der letzte materialisierte Ausdruck einer inneren Einstellung.

Im Traum der jungen Inderin könnte das „Fallenlassen des Kindes" die bildliche Kondensation eines

Sich-selbst-Fallenlassens sein. Daß eine solche innere Haltung einen günstigen Boden für Krankheiten und sogar für Unglücksfälle darstellt, ist bekannt.

C. G. Jung hat die prospektive Bedeutung mancher Träume im Seelenleben ihrer Urheber betont. Besonders die Träume, die ein Mensch im Anfang einer psychoanalytischen Behandlung produziert, nehmen oft die Entwicklung, die der Betreffende erst durchmachen wird, voraus. Diese Aktivität der sogenannten Initialträume ist oft beobachtet worden und ich selbst habe sie in vielen Fällen verfolgt.

Bei der jungen Inderin handelte es sich um ihren eigenen Tod, der sich im Bilde des stürzenden und geretteten Kindes anzeigte. Wir deuten also diesen Traum nicht auf der Objektstufe, sondern auf der Subjektstufe, wo jedes Element des Traumes als Teilausdruck der Psyche des Träumers aufgefaßt wird.

Wie aber gestaltet sich die Deutung, wenn ein Außenstehender, ein Freund oder entfernter Verwandter seinen Tod anzeigt und die Voraussage auch wirklich eintrifft?

Ist dann noch die Interpretation gültig, daß ein seelischer Anteil von dem Träumer selbst, der auf den Verstorbenen projiziert war, in uns stirbt, d. h. daß die Projektion von uns abfällt?

Ich habe zwei meiner jungen Neffen, in Visionen, nicht im Traum, im Augenblick des Sterbens gesehen, den einen auf dem Schlachtfeld, den anderen auf seinem

Krankenbett. Keiner von beiden stand mir nahe, ich hatte sie seit ihrer Kindheit aus den Augen verloren, ich ahnte nichts von der Krankheit des älteren jungen Mannes — eine Projektion war nicht vorhanden.

Wenige Tage nach meinem Gesichte aber bekam ich jeweils die Nachricht von ihrem plötzlichen Hinscheiden. Jede Einzelheit, die ich erfuhr, stimmte mit meiner Vision überein. Hier müssen Auffassungen einsetzen, die nicht mehr analytischer Natur, sondern parapsychologischer Natur sind.

Wie steht es nun mit dem Traum des Gatten der Inderin?

In diesem Falle habe ich keine Nachricht von irgendeinem Ereignis, einem Überfall oder dem Tod des jungen Mannes erhalten.

Auf der Heimfahrt von unserem Besuch aber erzählte mir meine Verwandte, daß er aus Ehrgeiz der Partei der Gandhi-Anhänger angehörte, der Partei der Unterdrückten, weil diese jetzt an der Macht sei, daß er aber als Geschäftsmann sicher nicht mit voller Seele dabei sei.

Die psychologische Deutung des Traumes war also bestätigt. Die Bemerkung meiner Verwandten ersetzte in gewisser Weise die Ideenassoziationen des Träumers. Auf jeden Fall war dieser innerlich in Gefahr, infolge seiner ungelösten Konflikte. Seine politische Tätigkeit wurde von ihm selbst sabotiert und konnte darum nicht erfolgreich sein. Im Traum wurde er von einem Gegner der Partei getötet. Der Traum zeigt einen inneren Zusammenbruch an, der notwendigerweise Rückwirkungen auf die politische Laufbahn haben mußte.

Wie ungeheuer treffend Wahrträume sind, psychologisch und hinsichtlich zukünftiger Ereignisse, und zwar bis in die kleinsten Einzelheiten, habe ich persönlich oft erfahren.

Beim Durcharbeiten des Traumes der jungen Inderin fällt mir auf, welch tiefe metaphysische Bedeutung er hat. In dem weißbärtigen Greis steckt ein Gottesbild, und in dem Auffangen in seinen Armen liegt die Idee des Weiterlebens nach dem Sturz ins Unbekannte, steckt die Vorstellung der Ewigkeit.

VII

DIE GEBURT DES BUDDHA

Versuch einer Deutung der Legende

Die Königin Maya-Devi erzählt ihrem Gatten, dem König Couddhodano folgenden Traum: Vier Könige sind in ihr Schlafgemach getreten, ohne anzuklopfen — und doch hat sie dieses unerwartete Kommen nicht erschreckt. Nach einem wortlosen Gruß haben die Könige ihr Lager an den vier Ecken aufgehoben und durch die Lüfte davongetragen, weit, weit, bis auf die höchste Spitze des Himalaya. Dort, wo in Schnee und Eis nichts wachsen kann, erhob sich ein grüner, lebendiger Baum. Darauf sind vier Königinnen erschienen, um die schlafende Maya-Devi zu kleiden, zu kämmen und zu schmücken. Die junge Frau wurde in einen herrlichen Palast geleitet, dessen Wände aus durchsichtigem Gold gebildet waren. Und nun geschah das größte Wunder: ein junger Elefant, weiß wie der Schnee der höchsten Spitzen des Himalaya, leuchtender als Mondlicht, mit

Die Legende selbst ist dem Buch von Maurice Percheron entnommen „La Vie Merveilleuse du Bouddha", Ed. Del Duca, Paris, 1956.

feuerrotem Haupt und sechs Elfenbeinzähnen, erschien. Er bot der Königin kniend mit seinem Rüssel eine weiße Lotosblüte dar. Dann bohrte er — ohne ihr wehzutun — einen seiner sechs Stoßzähne in die Flanke. Im Erwachen glaubte die Königin das Singen eines blauen Vogels zu hören. Ihr Herz war überflutet von Seligkeit.

Was aber hatte sich, vor diesem Traum, in den oberen Sphären abgespielt?

Da hatte der Erzengel Avalokiteçvara im hohen Rat der dreiunddreißig Götter erklärt, er wolle die unglückliche Erde erlösen, indem er dort in den Körper einer reinen jungen Frau einzugehen gedenke, um von ihr in Menschenform wiedergeboren zu werden. Er hatte die Königin Maya-Devi als das auserwählte Gefäß der Empfängnis bezeichnet.

Auf den Einwand eines Gottes hin, daß diese junge Frau eine Yogini sei, die nicht mit dem König ehelich verbunden lebe, antwortete der Erzengel, diese unbefleckte Empfängnis werde doch geschehen, so wie der Traum der Königin es gesagt habe. Darauf hatte der Rat der Götter dem Engel zugestimmt.

Die Traumdeuter und Magier des Hofes, denen der König den Traum seiner Gattin vom Weißen Elefanten berichtete, nahmen diesen Traum sehr ernst: er sei prophetisch und sage voraus, daß die Königin die Mutter eines auserwählten Knaben werden würde.

Und wirklich erblickt nach zehn Monaten Siddharta, der zukünftige Buddha, das Licht der Welt.

Er wird geboren auf einem Teppich von Blüten, unter einem Baum, der schützend sein Blätterwerk zu Häupten der jungen Mutter zusammenschließt, um die Geburt vor den Blicken neugieriger Augen und vor der jungfräulichen Königin selbst zu verbergen.

Als der Baumwipfel sich wieder öffnet, liegt ein schönes Knäblein auf einer riesigen, weißen Lotosblüte. Es spricht, es läuft, es lächelt sofort, um dann erst zu einem richtigen Menschenkind zu werden.

Es wäre sehr einfach, diesen Traum „nach unten" ins Menschlich-Alltägliche zu deuten und damit zu banalisieren: Sexualwünsche einer unbefriedigten Gattin, Flucht vor der Realität in höhere Sphären, die Sehnsucht einer kinderlosen Frau, eine Freudsche „Wunscherfüllung", bei der der gefürchtete und ersehnte Phallus im Zahn des Elefanten, „der nicht weh tut", enthalten ist.

Versuchen wir einmal eine andere Deutung: die Königin, d. h. ihr feinerer Leib, wird wirklich in ein höheres Reich entrückt, und dort empfängt sie ihr Kind, nämlich die Engel-Substanz, die in die Welt getragen werden soll.

Die F a r b e n des Traumes sind charakteristisch für diese Sphäre: das durchsichtige Gold, das mondlichtartige Weiß, das feurige Rot. Auch das „Emporgehobenwerden" ist typisch für einen Ausflug außerhalb des Körpers.

Das rasche Wachstum des Kindes entspricht dem schnelleren Zeitablauf in der Astralwelt, in der das

Kind noch lebt, ehe es sich der langsameren Entwicklung eines Erdenkindes anpaßt.

Wenn wir dieses Ereignis als geistige Realität, nicht als Legende auffassen, dann ist die Seele eines Engels, eine geistige Substanz, wahrhaftig in eine junge Frau eingegangen.

Klingt das so neu? Geschah nicht etwas Ähnliches fünfhundert Jahre später, eine jungfräuliche Empfängnis, die zu einem Dogma der christlichen Kirche wurde? Da ging ein Strahl des Göttlichen, der Geist der Liebe, in eine reine Jungfrau ein, und wieder spielte ein Engel eine wichtige Rolle: der Erzengel Gabriel kündigte das Erscheinen des Heilandes auf Erden an.

In beiden entscheidenden Geburten geschah etwas Außerordentliches: die Sphären durchdrangen einander. Nicht auf Erden trat die Seele eines Abgeschiedenen in einen menschlichen Körper ein, sondern von oben nach unten geschah ein Avatar, eine Geistgeburt, ein Einbruch einer hohen Region in eine tiefere.

Solch ein Traum, der vielleicht in Wahrheit kein Traum war, den wir gewohnt sind, symbolisch zu bewerten, entspricht so sehr meinen Erfahrungen des Jenseits hinsichtlich der Hierarchie der Welten, daß ich ihn anders ansehen muß.

Man wird mich fragen, wie ich diese Auffassung beweisen kann. Auf rationalem Wege nicht — aber liegt nicht etwas Überzeugendes in einer uralten Überlieferung, die sich in der Geschichte der Menschheit mehrmals wiederholt? Dahinter steckt mehr als ein Archetypus, — d. h. der Archetypus der übersinnlichen Geburt ist der Abglanz von etwas Wirklichem, das sich in die Vorstellungswelt der Menschen eingegraben hat.

Es realisieren sich ständig Träume auf der Erde, sofern sie geschaute Ausschnitte der Astralwelt sind. Es besteht eine Wechselwirkung der Sphären untereinander, die sich ununterbrochen vollzieht. Nur meistens sind wir Menschen zu stumpf, oder zu sehr in unserer irdischen Sphäre befangen, um die Ursachen unseres Schicksals zu erfassen.

Der Rat der Götter, in dem die Inkarnation des künftigen Buddha beschlossen wurde, besteht ewig — nur die Namen wandeln sich. Die Götter, auserwählte Instrumente des höchsten Wesens, oder allumfassenden Bewußtseins, können Saturn und Jupiter oder Vishnu und Indra heißen, sie bekleiden ein Amt in den Welten, wie die Engel, Erzengel und himmlischen Heerscharen.

Der Erzengel, der das Jahr 544 v. Chr. für seine letzte Inkarnation im zukünftigen Buddha wählte, wird bezeichnet als ein Strahl des göttlichen Lichtes Amitabha, als sein ausführendes Instrument. Er ist, wie alle Engel, ein Abgesandter, ein Mittler zwischen den Menschen und dem Göttlichen. Durch sein Eingreifen wird der Prinz Siddharta zum inkarnierten Engel.

Es kommen in dem prophetischen Traum der Königin Maya-Devi auch Elemente vor, die man im üblichen Sinne symbolisch deuten kann, wie der grünende Baum, der weiße Elefant, Bilder des unsterblichen Lebens und der durchgeistigten Kraft. Die weiße Farbe des Elefanten bezeichnet seine Reinheit, sein feuriger Kopf seine Lebensfülle und schöpferische Kraft.

Die Lotosblüte, die er voller Demut der Königin darbringt, ist ein Symbol der Vollkommenheit, des Selbstes. Später wird der Prinz Siddharta, „der Vollkommene", der Buddha, genannt.

Der Elefant ist ein schweres, erdgebundenes Tier. Er bedeutet die Realisierung auf der Erde. Im Yoga bewohnt er das unterste Chacra, die Wurzelstütze. Er tritt später in einem höheren, einem der letzten Chacras auf, was wohl die Durchseelung der Materie ausdrückt.

Das Wichtigste in dieser Legende scheint mir die Inkarnation des Engels. Sie drückt sich im Traum der Königin, der ein Abglanz des Vorgangs im Himmel war, in symbolischen Bildern aus, die der Psyche der Königin vertraut, die ihrem Verständnis angepaßt sind. In einem anderen Lande hätte sich dasselbe geistige Erlebnis wahrscheinlich in anderen Bildern dargestellt.

Es ist jahrhundertelang darüber gestritten worden, ob der König denn gar keine Rolle bei dieser Zeugung seines Sohnes gespielt habe. Ich glaube, daß hier nicht die eigentliche Frage liegt. Ob der König auf Erden die körperliche Realisierung vollzog oder nicht — das Wichtige bleibt die geistige Befruchtung. Erst das Eingreifen des Engels machte die Sendung des Buddha möglich.

Es wird mir immer klarer, daß die Welten über uns die Sphären der Sinngebung sind.

Was hier im Ablauf unserer irdischen Existenz völlig unverständlich erscheint, erhält einen Sinn, wenn wir das Leben in den anderen Welten auch nur ausschnittweise miterleben. Erst das Drüben und das Hier zusammen ergeben den Sinn eines Lebens.

In kleinerem Maßstab erleben wir dasselbe, wenn wir Träume analysieren: durch das Heraufholen und Verstehen der unbewußten seelischen Inhalte ergibt sich erst ein Verständnis des bewußten täglichen Daseins.

Der Legende von der Zeugung des Buddha liegt vielleicht ein parapsychologisches Erlebnis zugrunde, das so echt ist, daß seine Wahrheit Jahrtausende überdauert. Es hat unzählige Künstler inspiriert, es hat Millionen von Menschen erleuchtet, ja, es hat ihr Leben verwandelt.

Die höhere Sphäre ist hier die Ursache des Geschehens auf der Erde und ist gleichzeitig seine Sinngebung.

VIII

DIE WELT DES DRÜBEN

So wie die Farben in der Tiefe des Meeres immer glühender werden, je weiter man sich hinabläßt, wie Unterseepflanzen in riesigen, nie gesehenen Formen und Farben aufleuchten, wenn die Lampe des Tauchers sie bestrahlt, so eröffnen sich Welten im Inneren der Seele, je kühner der Forscher in sie eindringt.

So wie der menschliche Geist Schwimmhäute und Atmungsinstrumente erfindet, um die Meere in ihren Abgründen zu durchstreifen, so erstehen in der Seele selbst neue Organe, verfeinerte Augen und Ohren, die diesen Forschungen angepaßt sind.

Es ist derselbe Eifer, der beide Suchenden beseelt, die unwiderstehliche Anziehung des Unbekannten, von dem man doch spürt, ja, weiß, daß es in wunderbarer Weise existiert.

Und wie das Dunkel der Ozeane sich jählings erhellt und beweist, daß dieses Unbekannte noch größer, noch tiefer, noch unermeßlicher ist, als der Forschende ahnte, so erweitern sich auch die Grenzen der Seele.

Der Schwimmer im Ozean entdeckt neue Regionen der Tiefe, von Korallenriffen und feuerfarbenen, himmelblauen und rostroten Pflanzen belebt, von Riesen- und Zwergfischen lautlos durchzogen — dem Forscher der Seele offenbart sich gleichermaßen eine fremde Welt, die er nicht enthält, sondern in der er enthalten ist.

Er hatte sich in einem Aquarium bewegt — eines Tages aber zerrinnt die Glaswand, die ihn vom Leben trennte, und er schwimmt aufatmend im unendlichen Meer.

Die Visionen steigerten sich mit den wachsenden Erfahrungen und dem zunehmenden Mut; sie wurden großartiger und intensiver.

Oft waren sie eine Antwort auf eine innere Frage: es erschienen symbolische Bilder, die eine Botschaft bildhaft darstellten, statt sie in Worten auszudrücken. Diese Antworten waren manchmal eindeutig und klar, in anderen Fällen orphisch dunkel. Es war gar nicht immer leicht, sie zu verstehen.

Die Welt des Drüben ist dreidimensional, wie die irdische — aber sie besitzt noch eine Dimension mehr. Will man versuchen, sie mit einem Wort zu bezeichnen, so könnte man sagen: eine innerseelische Dimension, oder, eine Dimension der Tiefe.

Alles, was drüben steht, liegt oder sich bewegt, ist Ausdruck von etwas Seelischem. Dieses ist auch nur seelisch zu erfassen, niemals rational. Auf Erden sind ihm die Dichter am nächsten, die Künstler überhaupt, gleich nach dem Mystiker, also der musische Mensch.

Auf keinen Fall ist diese Welt m. E. mit den natürlichen Sinnen, mit wissenschaftlichen Experimenten aufzuschließen. Sie wird für denjenigen wirklich, dem sie sich freiwillig enthüllt.

Es ist gewiß, daß die Welt des Drüben, und besonders die astrale Sphäre, der unseren sehr ähnlich ist — und dennoch ist sie völlig anders. Die Konturen der Wesen sind scharf umrissen und auch wieder nicht. Ein Kopf erscheint vor uns in göttlichem Übermaß, lächelt sein unfaßliches Lächeln und verschwindet. Dieser Kopf besitzt alle Farben des Lebens, die Größe und Vollendung eines antiken Marmorhauptes — und dennoch kann sein Ausdruck etwas Fließendes, Vergehendes haben, wie Wolke oder Wind. Hier sind Individuelles und Kosmisches untrennbar verschmolzen, und alle Sphären sind in einem einzigen Antlitz enthalten.

Es ersteht vor unserem Blick ein sinnvoll gebauter Kosmos, in dem für „Zufall" kein Raum ist, in dem keine Kraft verloren gehen kann.

Was auf der Erde wie ein zufälliges Geschehen aussehen mag, ist drüben vorausgesehen, gewollt, bereits geschaffen — nur der Mensch kennt meistens die Zusammenhänge nicht.

Er kann sich aber in den Sinn bewußt hineinstellen. Er wird ihm offenbart, und zwar auf die verschiedenste Weise, durch Träume, Gesichte, eine innere Stimme, sobald die Sehnsucht stark genug und die Konzentration auf das Unsichtbare ausdauernd genug ist.

Von diesem Augenblick an verwandelt sich das Schicksal eines Menschen. Er sucht nicht mehr persönliches Glück, sondern sinnvolles Leben.

Es ist ganz eigentümlich, zu beobachten, an anderen und an sich selbst, wie diese Wandlung sich während einer Tiefenanalyse zu vollziehen beginnt. Und unmittelbar darauf erfolgt die Antwort in der Außenwelt.

Da liegt das richtige Buch plötzlich auf dem Schreibtisch, da „fällt einem ein Zeitungsausschnitt in die Hand". Da klingelt es, und der Mensch, der einzige, der das erlösende Wort zu sprechen imstande ist, steht just vor der Tür. Das Leben ist voller Wunder, weil nämlich die sinngebende Sphäre nun in die tägliche hineinragt, d. h. weil wir sie mehr und mehr zu erkennen vermögen.

Die Phänomene die C. G. Jung unter dem Begriff Synchronizität zusammenfaßt, erlebte ich in vielen Fällen als Fügung oder Führung.

In den Welten, die mir offenbart wurden, leben Wesen der verschiedensten Art, ungeachtet unserer Vorstellung von Zeit, Rasse und Nation.

So kommt es, daß griechische Gottheiten umgeben von Engeln erscheinen und neben ihnen historische Persönlichkeiten aus allen nur denkbaren Kulturkreisen. Dieses Nebeneinander wirkt nicht wie ein tolles Gemisch, sondern wie ein harmonisches Ganzes. Man spürt das Gesetzmäßige, Notwendige, das auch das Kostüm beherrscht.

Der Körper, den wir auf der Erde zurücklassen, ist für die Augen der Bewohner der anderen Sphären ebenfalls nur ein Kleid. Dasselbe Kostüm, nur aus leichterer Substanz, trägt der Astralleib, wenn er drüben ankommt. Natürlich kann er das Gewand wechseln, wenn er sich entwickelt, d. h. ein neues Kleid wird notwendig, das seinem verwandelten Wesen entspricht.

Diese Entwicklung bedeutet immer einen Zuwachs an Erkenntnis. Von drüben her gesehen ist Erkenntnis kein intellektuelles Wissen, sondern sie ist Weisheit und Liebe zugleich. Sie verwandelt den ganzen Menschen.

Die Substanz der übersinnlichen Welt hat eine andere Konsistenz als alle irdische Materie.

Dasselbe Wesen, das man unfehlbar wiedererkennt und identifiziert, kann einmal riesengroß erscheinen und ein anderes Mal winzig klein. Es kann uralt aussehen und dann wieder jung, je nachdem, was es in diesem Augenblick empfindet und ausdrücken will. Das Wesen schafft die Gestalt. Die Bedeutung und die Gestalt sind ein untrennbares Ganzes.

Ich habe niemals drüben ovoide Formen gesehen oder Auras, wie manche Okkultisten sie schildern. Menschen und Tiere waren genau so wie auf der Erde, nur schöner, ausdrucksvoller, beseelter.

In diesen Welten existiert die Lüge nicht. Es ist nicht möglich, etwas zu scheinen, das man nicht ist. Gedanken und Gefühle liegen offen da; jeder liest in der Seele des anderen, und Worte werden überflüssig, sofern sie nicht eine lebendige Wahrheit enthalten, die aus bestimmten Gründen ausgesprochen werden soll.

Hört ein Mensch auf, zu leiden, wenn er übersinnliche Erfahrungen macht? Gewiß nicht, solange er ein Mensch ist und sich auf der Erde durchkämpfen muß — aber sein Leiden hat ein anderes Gesicht. Es ist nicht mehr sinnlos, — es hat ein Ziel. Nicht nur den Zweck, die kommende Reinkarnation zu verbessern, — das erscheint mir sehr utilitaristisch gedacht — sondern es trägt schon für dieses Leben seinen Sinn in sich.

Es wird immer wieder die Frage gestellt, ob die Menschen ihre Lieben im Jenseits wiederfinden?

Die Möglichkeit dazu ist sicher vorhanden. Alles in den Welten geschieht auf Grund von Affinität. Meiner Erfahrung nach aber geht jede Seele ihren Weg, ihrem Wesen gemäß, ohne zurückzublicken. Mit der irdischen Hülle werden auch die hiesigen Bindungen abgelegt. Dieser Prozeß der Loslösung vollzieht sich mehr oder weniger schnell, je nach der Entwicklung des Menschen.

Die Evolution geht in den anderen Sphären weiter. Es ist darum nicht ratsam, durch Trauer einen Verstorbenen an die Erde zu fesseln, denn die notwendige Ablösung wird ihm dadurch nur schwer gemacht. Es scheint dagegen, daß liebende Gedanken und ein Verstehen seines Weges dem Abgeschiedenen helfen können.

IX

DAS LEBEN IN DEN SPHÄREN

Das Leben in den Sphären ist dramatisch bewegt, jedenfalls in den Reichen, die ich besuchte. Aber ich weiß, daß es Welten gibt, in denen diese Aktivität, die der unseren auf der Erde in vielem gleicht, aufhört, ihren Sinn verliert, wo ein anderer, höherer Bewußtseinszustand einsetzt.*)

In der A s t r a l w e l t wird gearbeitet, gelesen, Häuser werden errichtet, Tempel gebaut, es wird geliebt und gehaßt.

Nur ist alles stärker, intensiver, jedes Gefühl, alles, was gedacht und gewollt wird; jeder Gegenstand ist durchtränkt vom Wesen seiner Besitzer. Es geht auch nichts verloren, es verschwindet nichts. Hat jemand etwas in den Sand eingezeichnet, so bleibt es bestehen, auch wenn es aus Laune und zum Spiel hingeworfen war.

Diese Ebene ist der Ort der Wandlung und Entschei-

*) Wenn ich meine extrasensoriellen Erfahrungen in für manche Leser zu affirmativer Weise mitteile, so will ich doch niemand meine Sehweise aufdrängen. Es soll nur dargetan werden, was ich als Realität erlebt habe und welche Schlüsse ich aus dem Kontakt mit anderen Welten gezogen habe.

dung. Hier kommen die Seelen nach dem Tode an — viele unter ihnen — hier können sie sich ausruhen und sich dann weiter entwickeln. Je nach ihrer Substanz, nach ihrer Erdenschwere gehen sie in eine höhere Sphäre ein, oder sie kehren auf die Erde zurück in einer neuen Inkarnation.

Unser ganzes Leben, schon unsere irdische Existenz, ist von solchen Entscheidungen durchsetzt. Manchmal werden die Alternativen uns im Traum gezeigt, und das Verständnis eines Traumes und besonders einer Traumfolge kann über ein Schicksal entscheiden.

Aber auch im wachen Leben stehen wir ständig vor Entschlüssen. Wer kennt nicht die Schicksalsaugenblicke, wo eine innere Stimme spricht: Tu dies — tu jenes nicht! Und oft stehen diese Gebote oder Verbote unserem Wunsch und Willen entgegen. Hier haben wir den Vorgeschmack dessen, was in der Astralsphäre geschieht. Nur dort sieht der Mensch klarer als auf der Erde, worum es geht.

Die Auflösung des astralen Leibes, der zweite Tod, geschieht ebenfalls zufolge des waltenden Gesetzes im Leben eines Menschen. Die inneren Entscheidungen können dieses Gesetz nicht aufheben, aber wesentlich modifizieren.

Die seelische Kraft und die Erkenntnis, die ein Mensch durch richtige Entscheidungen erwirbt, nimmt er in seine neue Existenz und seine spätere Entwicklung hinüber.

Ich habe Menschen im Jenseits ankommen gesehen und andere, die sich auflösten, um auf der Erde in eine neue Mutter einzugehen. Ich habe auch beobachtet, wie Heilige und Weise ihren Astralleib selbst verbrannten, um ins Leichtere zu gehen.

So sah ich Ramakrishna weißglühend werden, im Zustand der Ekstase, und in diesem Licht verzehrte sich sein astraler Leib. Er tauchte in einer höheren Sphäre wieder auf. Dort konnte ich ihn nicht mehr sehen, aber ich konnte seine Stimme hören.

Auf den höheren Ebenen gibt es keinen persönlichen Haß und keine persönliche Liebe mehr. Was dort gedacht und gefühlt wird, übersteigt menschliches Maß und menschliches Wort.

Ich habe — ein unendlich ergreifendes Erlebnis — meine eigene Mutter in verschiedenen Stadien ihrer astralen Entwicklung gesehen.

Zuerst begegnete ich ihr drüben mehrmals, und sie war genau so, wie sie auf der Erde gewesen war, gütig und vornehm, unter einer gewissen Strenge und Ferne, in einem schwarzen Kleid, mit ihrer langen, altmodischen Uhrkette aus hellem Gold. Sie saß drüben in einem Landhaus im Grünen und hielt ein kleines Kind auf dem Schoß, so wie ich sie oft mit ihren Enkelkindern gesehen hatte.

Einige Jahre später, seltsamerweise an ihrem Geburtstag, erschien sie frühmorgens vor mir, während ich noch im Bett lag.

Sie saß am Klavier, so wie ich sie jeden Abend in meiner Kindheit gesehen hatte und spielte eine Sonate von Beethoven. In aller Bescheidenheit und ohne je öffentlich hervorzutreten, war sie eine wirkliche Künstlerin gewesen.

Ich erkannte jede Einzelheit ihrer Kleidung und ihres Ausdrucks genau. Sie trug ein kleines Häubchen aus schwarzen Spitzen, das sie selbst in den letzten Jahren ihres Lebens angefertigt hatte, um eine Narbe auf der Stirn zu verbergen, die nach einem Unfall zurückgeblieben war, und ein schwarzes Kleid wie immer seit dem Tode meines Vaters.

Sie war vertieft in die Musik. Plötzlich lächelte sie, mit der Lieblichkeit und Anmut des hohen Alters, die sie manchmal haben konnte. Und dann löste sie sich auf. Das Lächeln verklärte sich zu einem Ausdruck der höchsten Seligkeit, dann verschwand die sitzende Gestalt, das Häubchen, das Gesicht als letztes.

Und ich wußte, daß dieser Mensch, der so stark im Leiden gewesen war, so unverrückbar stolz und großmütig in der jählings hereingebrochenen Armut, von so unsäglich mütterlicher Wärme in allen Phasen ihres Lebens, daß diese Frau in eine höhere Sphäre eingegangen war.

Es war mir auch klar, was sie hinübergeleitet hatte: es war die Musik, es war Beethovens Musik, die ihr diesen Übergang ermöglicht hatte.

Eine kleine Einzelheit möchte ich nicht vergessen.

Viele Jahre später besuchte ich eine Hellseherin in Nice, die ihre „Clichés“ aufzeichnete. Sie sagte mir, unter vielen, oft nicht richtigen oder nebensächlichen Dingen: „Je vois votre maman, elle porte une petite coiffe de dentelle noire.“ Und sie zeichnete das mir bekannte Häubchen.

Der Duft des Jenseits

Es gibt für mich ein Charakteristikum, das Diesseitiges und Jenseitiges untrüglich unterscheidet: das ist der Duft des Jenseits. Sobald die anderen Welten sich offenbaren, stellen sich Düfte ein.

Alle Wesen in den oberen Sphären sind von einem spezifischen Parfum begleitet, und zwar sind diese Duftausstrahlungen jeweils nach der Wesensart ihrer Träger verschieden. Auch wenn die Wesenheit nicht sichtbar ist, kann man nach ihrem Wohlgeruch erkennen, wer sich offenbart.

Manche weiblichen Wesenheiten strömten ein süßes, pfeffriges, orientalisches Parfum aus; männliche Gestalten waren dagegen von kühleren Wellen umflossen, harzig, wie Tannenduft. Die Düfte änderten sich entsprechend der Stimmungslage der Wesenheit: sie wurden süßer und leichter, oder dunkler und intensiver. Dieser Duft ist ein umfassender Ausdruck des Erscheinenden, so wie ein Blick oder eine Stimme eine lebendige Synthese des ganzen Menschen ist.

Der Duft konnte so eindringlich sein, daß er den starken Geruch der dunkelroten Rosen, die in mehreren Vasen in meinem Zimmer standen, übertönte. Manchmal heftete er sich auch an Gegenstände, die mir gehörten, einmal an ein Paar Wildlederhandschuhe.

Diese Düfte kommen herbei, wenn sie das betreffende Wesen begleiten, d. h. sie gehen von ihm aus. Sie können aber auch heranströmen, allein beim Gedanken an die Wesenheiten, wenn der Mensch diese nicht sieht und nicht im mindesten an das Duftphänomen denkt. Man kann plötzlich von wahren Duftwellen oder Wolken umhüllt sein. Sobald man jedoch das Phänomen willentlich herbeiziehen will, geschieht nichts.

Ich habe aber noch eine andere Beobachtung gemacht: Der Duft kann an die Stelle der inneren Stimme treten, spontan, als Antwort auf eine innere Frage. Die Düfte geben auch an, in welcher Sphäre man sich befindet.

Ich habe so starke Wohlgerüche empfunden, daß ich wie betäubt war. Manche Wesen duften wie Gewürz, wie Zimt oder Muskat, andere wiederum duften wie Curry. Eine Göttin der Fruchtbarkeit strömte Düfte aus, wie alle Obstgärten der Welt, wie Orangen, Pfirsiche und reife Äpfel. Venus in ihrem Park, wo weiße Pfauen wandeln, duftet wie „Mille Fleurs", wie Rosen und Apfelblüten. Weiß und Gold sind ihre Farben.

Ich dachte oft, daß die großen Parfumeure — oder einer von ihnen, der erste — die Düfte des Jenseits gerochen habe und den Menschen diese Gabe, wie so viele andere, auf die Erde mitgebracht habe.

Das Duftphänomen hat eine Folge auf der Erde, die fast unerträglich ist: die Überempfindlichkeit für alle Gerüche, wie Schweiß, Fett oder Rauch. Die künstlichen Parfums sind ebenfalls zu stark und wirken quälend, wenn der subtile Geruchssinn erwacht ist.

Das Duftphänomen ist in Indien wohl bekannt. Vivekananda schreibt im „Raja Yoga“, daß „wonderful fragrance“ in einem bestimmten Augenblick während der Atemübungen erscheine. Von einigen christlichen Heiligen wird berichtet, daß sie die Gläubigen mit Düften überschütteten. So heißt es von Thérèse de Lisieux (1873—97), daß sie Rosenduft aussende.

Eine Legende berichtet: Als St. Friard, der als Eremit auf einer Insel in der Loire lebte, im Jahre 577 als alter Mann von sechsundsechzig Jahren starb, wurde seine Hütte im Augenblick seines Verscheidens gewaltig erschüttert, und die Luft war plötzlich von Wohlgerüchen erfüllt.

Jeanne d’Arc wird in ihrem Prozeß in Rouen vor die Frage gestellt, ob die Heiligen, die ihr erschienen waren, von Duft begleitet waren? Den Theologen des 15. Jahrhunderts war also dieses Phänomen durchaus geläufig. Jeanne antwortet ohne Besinnen, Ja.

Als erster war ihr der Erzengel Michael erschienen, den sie deutlich sah und hörte, dann Margarete und Katharina, zwei junge Märtyrerinnen aus den ersten

Jahrhunderten des Christentums. Die Heiligen brachten Jeanne bis zu ihrem Flammentod Trost, Belehrung und Seligkeit.

Jeanne beschreibt die Erscheinungen der beiden Heiligen genau, vor allem die Gesichter, von denen sie hingerissen war, und zwar so sehr, daß sie auf die Kleidung nicht acht gab. Die Heiligen waren sehr schön, sie trugen herrliche Kronen, ihre Stimmen waren sanft und wohlklingend, die Gestalten waren von strahlendem Licht umhüllt. Jeanne hat sie umarmt, ihre Füße geküßt und ihre Knie an sich gedrückt. Auf die Frage ihrer Peiniger, der böswilligen und listigen Theologen, Cauchon an der Spitze, ob sie so etwas wie die Wärme eines Körpers gefühlt habe, antwortet Jeanne: „Ich konnte sie doch nicht umarmen, ohne ihren Duft zu spüren und ohne sie zu berühren."

Monseigneur Touchet, Bischof von Orleans, dessen Buch „La Sainte de la Patrie" dieser Bericht entnommen ist, meint: „Die Heiligen sind absolut von Jeanne unterschieden; sie ist ein Wesen für sich, die Heiligen ebenfalls. Keine Verwechslung mit einem Traum ist möglich."

Natürlich lehnt er die These einer „krankhaften Halluzination" aufs entschiedenste ab. Er stützt sich dabei auf die Zeugnisse von Zeitgenossen der „Pucelle", die Jeanne von Kindheit an kannten und ihr ausgeglichenes, durchaus gesundes und geradliniges Wesen immer wieder betonen.

Alle diese Phänomene sind zeitlos und werden immer

wieder erlebt. So erzählte eine Nonne eines Klosters in Paris einer Freundin von mir, daß die Heilige, mit der sie in besonders inniger Verbindung stand, ihr Erscheinen durch Düfte ankündige. Diese Klosterfrau, eine praktische, organisatorisch tüchtige Persönlichkeit, erkannte alle Wesen der anderen Welten, die sich ihr nahten, an ihrem Parfum. Diese Erfahrungen einer Nonne stimmen also mit meinen Beobachtungen überein, die, wie leicht ersichtlich, unter gänzlich verschiedenen Bedingungen äußerer und innerer Art stattfanden.

Manchmal strömen auch beruhigende Duftwellen heran, wenn Gedanken der Angst oder Sorge, z. B. vor drohendem Krieg und Krankheit uns überfallen.

Der stigmatisierte Kapuzinermönch Padre Pio, der in Süditalien in St. Giovanni Rotondo lebt, und von dessen seelischen und körperlichen Wunderheilungen unzählige Augenzeugen berichten, verbreitet Düfte. Nicht nur seine Wundmale haben Wohlgeruch, sondern er sendet bewußt und willentlich Düfte aus, um ein Wesen in der Ferne zu retten. So war eine holzsuchende Frau, die sich vor einem Abgrund befand, plötzlich von herrlichem Duft überflutet und kam auf diese Weise zum Bewußtsein der Gefahr. Als Padre Pio die Frau wiedersah, meinte er lächelnd: „Das wird dir eine Lehre sein, im Wald nicht mehr rückwärts zu laufen." Und zwar sagte er das, noch ehe ihm die Frau von dem Erlebnis berichtet hatte.

Padre Pio hat die absolute Hellsicht. In den Konfessionen, die den Mittelpunkt seiner Tätigkeit bilden, sagt er den Menschen auf den Kopf zu, was sie ihm etwa verheimlichen wollen. Zeit und Raum existieren nicht für ihn — er wandert nach Belieben durch die Welten. Ein Beispiel unter Tausenden: Er verspricht einem Manne, ihm in seiner Todesstunde beizustehen, und in Wahrheit erscheint er ihm.

Gerda Walther, in ihrer „Phänomenologie der Mystik", einem Buch, das ich sehr schätze, schreibt (Seite 24 ff): „Das zweite (der Vorurteile) wird bestätigt dadurch, daß in den Schriften der Mystiker in der Tat von solchen Empfindungsdaten scheinbar sehr häufig die Rede ist, (von ‚Wohlgerüchen', ‚Wohlgeschmack', ‚Süßigkeiten', ‚Licht', ‚Wärme', ‚Tönen' usw.). Jedoch handelt es sich hier durchaus nur um Gleichnisse, denn wie sollten die Mystiker das ‚schlechthin andere' denen, die es nicht erlebt haben, auch nur andeutungsweise klarmachen, wenn nicht durch Anknüpfung an solche bekannte Begebenheiten des alltäglichen Lebens? Daß es sich dabei nur um Gleichnisse von großer Unangemessenheit handelt und handeln kann, haben sie dabei immer wieder aufs schärfste betont. Und immer wieder haben sie es ausgesprochen, daß doch nur der ihre Gleichnisse richtig zu verstehen vermöge, der aus eigenem Erleben das kennt, für das diese Gleichnisse stehen." Als Beispiel gibt die Autorin die „Seelenburg" der Hl. Theresa an.

Hier kann ich der Auslegung von Gerda Walther

nicht beistimmen. Wenn während der letzten Krankheit und kurz vor und nach dem Tode der Hl. Theresa ihre Nonnen das Gesicht der Heiligen hell erstrahlend sahen und von dem Wohlgeruch berichten, der von dem kranken Körper und dem Leichnam ausging, so handelt es sich m. E. nicht um Gleichnisse, sondern um erlebte Fakten. Nur werden diese Sinneswahrnehmungen von anderen Organen ausgeführt als von Nase, Auge und Ohr des Körpers. Ohne mich zu den Mystikern zu rechnen, habe ich diese Erlebnisse unzählige Male gehabt.

Die folgende Erfahrung machte ich kürzlich in Beziehung zu einem großen Mystiker, Johannes vom Kreuz.

Ich dachte an diesen seltsamen Mönch, mit dem ich mich übrigens nie näher beschäftigt hatte, im Augenblick des Erwachens aus meiner Siesta. Ich stellte mir sein Martyrium vor, von dem in der Lebensbeschreibung der Theresa d'Avila von Marcelle Auclair berichtet wurde. Ich sah ihn im Geiste, nicht in einer Vision, und stellte mir lebhaft vor, wie er auf Anraten der Mutter Gottes endlich aus dem Kloster der feindlichen Mönche floh, die ihn entführt, eingekerkert und maßlos gequält hatten. Ich dachte daran, wie er mit unbegreiflicher Kraft die hohe Mauer überstiegen hatte, er, der von kleiner Statur war, oder vielmehr, wie er in wunderbarer Weise emporgehoben worden war. Da duftete es mit einem Mal! Ein mir unbekannter, heller, sehr zarter Duft, von dem ich völlig überwältigt war.

Ich hatte mich wohl vorher mit dem Duftphänomen beschäftigt, das von der Hl. Theresa berichtet wurde, aber nichts war geschehen. Das Parfum, mit dem ich überschüttet wurde, kam völlig überraschend.

Ich weiß also aus eigenster Erfahrung, daß diese Wohlgerüche wirklich auftauchen, selbst wenn man nur an einen großen Mystiker d e n k t. Wie könnte ich an der Realität des Duftphänomens als solchem zweifeln?

Nun erhebt sich aber eine andere Frage: aus welchem Grunde und zu welchem Ende wurde mir dieser Duft geschickt? Doch wohl, damit ich mich mit dem Aussendenden beschäftige. Das war auch meine spontane Regung, meine innere Antwort auf das Erlebnis.

Ich habe beobachtet, daß in gewissen Fällen nicht nur Düfte den Raum erfüllen, sondern, daß die Atmosphäre sich verdichtet, wenn gewisse Wesenheiten erscheinen oder ihr Kommen ankündigen. Ich habe ebenfalls erlebt, daß eiskalte Ströme sich plötzlich bemerkbar machten, oder daß Funken sprühten.

Der größte Feind aller dieser Phänomene, ob sie nun visueller, auditiver oder olfaktiver Natur sind, ist der menschliche Intellekt, sofern er ausschließen will, was er nicht versteht. Die feineren Sinne, die hier im Spiel sind, verstummen, sobald man experimentieren will, sobald eine zweckhafte Einstellung sich einschleicht.

Es ist mir aufgefallen, daß die unmittelbaren Phänomene aufhören, oder jedenfalls seltener werden, wenn man sich intellektuell mit ihnen beschäftigt, sogar ohne jeden praktischen Zweck. Ich vermute, daß man sich da auf eine andere Ebene begibt, wo sich derartige Erfahrungen eben nicht abrollen. Von dieser Ebene aus aber kann man das Erlebte verstehen und vielleicht anderen einigermaßen verständlich machen.

Das Licht des Jenseits

Hier müssen wir die verschiedenen Sphären deutlich auseinanderhalten.

Das Licht ist nicht überall gleich stark, oder von derselben Qualität. In den verschiedenen Welten ist auch die L u m i n o s i t ä t bezeichnend für ihre Beherrscher, wie alles Übrige, bis in die kleinste Einzelheit.

In der Astralwelt gibt es einen Lichtwechsel, wenn auch keinen scharfen Unterschied zwischen Tag und Nacht.

In den höheren Sphären herrscht mitunter ein opalfarbenes, seltsam irisierendes, weiches Licht, das auf Erden unbekannt ist. Die Beleuchtung der Astralwelt ist der irdischen Welt noch einigermaßen vergleichbar, wenn sie auch strahlender und intensiver ist — für das Licht der höheren Sphären gibt es keine Worte.

Die Farben des Jenseits

Dasselbe gilt für die F a r b e n des Jenseits. Sie sind von innen her leuchtend, von unbeschreiblicher Strahlkraft, Süße, Zartheit und Transparenz. Sie können aber auch tief dunkel sein. Ich sah Gewänder aus wolligem Stoff, handgewebt, und Vorhänge und Mäntel aus schwerem Samt, ein Rot-Violett, das feierlich und streng im Ausdruck war.

Das W e i ß des Jenseits ist so intensiv, daß man überhaupt erst begreift, was die Worte „Reinheit" und „Makellosigkeit" bedeuten. Das klarste Weiß auf Erden, eine Bergwiese im Schnee, erscheint daneben schmutziggrau.

Einmal erblickte ich ein kleines weißes Kissen auf einem Prunkbett aus rotem Damast. Dieses Kissen war so durchtränkt mit Ausdruck, daß es besänftigte und milderte, was das Paradebett an Größe und höfischer Pracht besaß. Es sagte, ohne Worte, daß hier Menschen schliefen, denen das Lager trotz des Prunkes eine Heimat war. Es war, in seiner Weichheit und Seidigkeit, etwas unendlich Zartes und Intimes. Es hatte Liebesworte aufgefangen und bewahrt und zauberte in seinem sekundenlangen Anblick eine Welt von Innigkeit und Nähe, von Vertrautheit und Verbundenheit hervor.

Man könnte sagen, daß die Farben der anderen Sphären singen, daß sie jubeln, so stark ist ihr seelischer Gehalt. Sie sind Farbe, Klang und Sprache in einem.

Hier möchte ich A l d o u s H u x l e y als Kronzeugen herbeirufen.

Huxley erkennt, außer dem spontanen Erlebnis, zwei Methoden an, um die jenseitigen Welten zu erforschen:

die Anwendung einer Droge, des Meskalin, und die der Hypnose. Beide Methoden seien unvollkommen, aber immerhin sicher genug, um als Vehikel zu den seelischen Antipoden zu dienen, die er mit den irdischen Antipoden vergleicht. Er gibt dem Meskalin den Vorzug.

Mit diesen Mitteln werden Visionen erzeugt, d. h. gewisse Gehirnfunktionen werden ausgeschaltet, und zwar fördern die Visionen nicht zufällige Einzelerscheinungen ans Licht, sondern das Geschaute hat gemeinsame Züge, gewisse Konstanten.*)

Die wichtigsten Charakteristika der anderen Welten sind: das Licht, die Farbe, und die Bedeutungsschwere aller so erfahrenen Phänomene.

Hier deckt sich Huxleys Auffassung fast Punkt für Punkt mit der meinen. Er schildert das Licht der jenseitigen Welten als äußerst intensiv, mit einer Leuchtkraft begabt, die alles Irdische übersteigt. Die Farben sind ebenfalls von unbeschreiblicher Eindruckskraft. Dazu kommt die erhöhte Bedeutung aller geschauten Objekte, die, wie Huxley betont, ihr Eigenleben haben, die also nicht unsere Schöpfung sind.

Huxley sagt in dem Aufsatz „Heaven and Hell“: „Die aus sich herausstrahlenden Objekte besitzen einen Sinn, der ebenso intensiv ist, wie ihre Farbe. Hier ist

*) Ich selbst habe keine Experimente gemacht, habe niemals Drogen genommen, habe nie als Medium gedient und würde derartige Experimente auch immer ablehnen. Es kann vor solchen Eingriffen in die Psyche mit ihren Folgen nicht genug gewarnt werden, besonders, wenn es sich um unvorbereitete Versuchspersonen handelt.

Bedeutung identisch mit Sein: Objekte stehen für nichts anderes als für sich selbst. Ihre Bedeutung ist folgende: sie sind in höchster Intensität sie selbst und sind deshalb Manifestationen der essentiellen Gegebenheit des ‚Andersseins' jenes Universums. Licht, Farbe und Bedeutung bestehen nicht isoliert. Sie bilden Objekte, oder aber werden durch Objekte dargestellt. Gewisse Arten von geschauten Bildern erscheinen wieder und wieder: farbige, bewegte, lebendige geometrische Formen, die sich wellenförmig in konkretere Perzeptionen von Dingen verwandeln, wie Teppiche, Schnitzereien, Mosaike. Diese wiederum verwandeln sich in andere Formen von erhöhter Färbung und Größe. Der Beschauer ist von seiner Vergangenheit abgeschnitten: er blickt in eine neue Schöpfung. Vieles in dieser Schau gleicht den Himmeln und Märchenländern in Folklore und Religion; man sieht die Urbilder mancher Paradiese. Aber es gibt auch Erfahrungen höllischer Art, die ebenso schrecklich sind, wie die anderen glorreich waren."*)

Huxley betont, daß der Beobachter Glauben und liebendes Vertrauen besitzen müsse, denn diese Einstellung allein verleihe ihm die Gewißheit, daß seine visionäre Erfahrung ihm zum Segen gereiche. Er sagt: „Was sich in Visionen abspielt, dürfte nur ein Vorschmack dessen sein, was nach dem Augenblick des Todes geschehen wird."

Huxley ist also auf experimentellem Wege, mit

*) In der Zeitschrift TOMORROW, New York, 1955.

künstlichen Mitteln, zu Ergebnissen gekommen, die denen gleichen, die ich auf natürlichem Wege erlebte. Nur kann ich hinzufügen, daß die einzelnen Objekte, wie Teppiche und Mosaike, die Ausstattungen von Räumen bilden, die den unseren auf der Erde ähnlich sind, daß alle diese Gesichte Bruchstücke aus einem vollkommen geordneten Kosmos bilden.

In einigen Punkten jedoch weicht meine Auffassung von der seinigen ab, besonders hinsichtlich der Träume.

Huxley meint in demselben Aufsatz, indem er sich auf die Statistik von Prof. Hall beruft, daß normale Träume meist in schwarz-weiß gehalten oder nur schwach farbig seien.

Jeder Analytiker, dem täglich Träume zur Deutung gebracht werden und der hunderte von derartigen Erfahrungen untersucht hat, kann bestätigen, daß Farblosigkeit kein Charakteristikum des normalen Traumes ist. Im Gegenteil, Träume sind farbreich, in vielen Stufen der Intensität, und ihre Farbe bildet einen wichtigen Hinweis für ihre Deutung. Gewiß gibt es Träume in grau und schwarz-weiß, und oft werden sie erst bunt-farbig, wenn die psychische Energie geweckt ist und dem Bewußtsein aus dem Unbewußten zufließt.

Und doch steckt in der Beobachtung Huxleys — mit dieser Einschränkung — eine Wahrheit: Im Vergleich mit Visionen sind Träume tatsächlich in der Farbe schwach. Die Farbtöne des Jenseits stellen alle Traumfarben in den Schatten, da diese ja meist nur persönliche, irdische Gefühle und Gedanken ausdrücken. Eine Ausnahmestellung nehmen gewisse große, kosmische Träume ein.

Dieser Unterschied der Färbung in Qualität und Bedeutungskraft ist für mich ein untrügliches Erkennungszeichen dafür, daß wir es mit einer echten Vision, nicht mit einem Traum zu tun haben, falls überhaupt ein Zweifel besteht.

Von größter Wichtigkeit scheint mir Huxleys Feststellung, daß wir die Wesen oder Welten, die sich uns offenbaren, nicht aus uns heraus schaffen. Er sagt: „Sie existieren ‚da draußen', in dem mentalen Aequivalent zu ‚weit entferntem Raum'. Von ‚innen her', können wir sie manchmal beobachten, wie sie ihr geheimnisvolles Wesen treiben."

Auch seine Bemerkung die Einstellung des Beschauers betreffend, halte ich für äußerst bedeutsam. Wir können das Wesen des Betrachters, seine vertrauensvolle oder skeptische Haltung, nicht ausschalten. Hier begegnet Huxley wieder meinen eigenen Erfahrungen, die unabhängig von ihm und im Anfang in völliger Unkenntnis der vorhandenen Literatur gemacht wurden.

Noch ein Wort zu den Farben der jenseitigen Welt.

Es gibt Maler, die diese Farben geschaut haben. Odilon Redon ist es gelungen, solche Tönungen fast getreu hervorzuzaubern. Seine unvergleichlichen Blumengewinde in ihrer durchsichtigen Zartheit und Leuchtkraft sind Blüten des Jenseits. Sie erinnern mich an

Blumen, die ich, zum Greifen nah, vor mir gesehen habe. Sein Blau und Grün auf manchen seiner mythologischen Gemälde gleicht den Farben des Meeres und der Wiesen der Astralwelt in ihrem Duft und ihrer Frische. Er war ein Visionär, ein Maler des Unsichtbaren, das seine wahre Heimat war. Kein Wunder, daß er unter seinen Zeitgenossen als „literarischer Maler" verfemt war. Erst heute, in unserer für das geistige Sehen aufgeschlosseneren Epoche, kommt dieser Meister wieder zu Ehren.

Und der Goldgrund der byzantinischen Mosaike, wie der Gemälde Giottos? War dieser goldklare Hintergrund eines Christus als Himmelskönig eine technische Erfindung, ein ästhetischer Einfall — war er nicht vielmehr der Versuch, das Wesen der höheren Sphäre durch ein irdisches Mittel so treulich wie nur möglich wiederzugeben? Denn dieses helle, duftige, schwerelose Gold ist gerade ein Zeichen der oberen Sphären, des göttlichen Lichtquells, der alles ernährt.

Die Thankas in Tibet, diese Banner, auf helle Seide gemalt, diese Mandalas, die wie aus Mondstrahlen geformt sind, tragen ebenfalls das Siegel des himmlischen Lichts. Und es wäre rätselhaft, wie der Mönch, in fast dunkler Höhle oder Zelle, mit ein paar Haaren des Yaktieres, diese Wunder gemalt hätte, wäre er nicht von himmlischem Licht durchstrahlt gewesen.

In einem anderen Aufsatz (ebenfalls in TOMORROW) berichtet Huxley von den Edelsteinen des Jenseits, ihrer wunderbaren Strahlkraft, die das Urbild seien für die leuchtenden Juwelen, mit denen die Paradiese vieler Völker überschwenglich ausgestattet sind.

Hier stimmen meine Erfahrungen wieder völlig mit seinen Schilderungen überein. Aber kein Wort ist imstande, diese Juwelenpracht auch nur im Leisesten auszudrücken.

Es gibt in der Astralwelt einen blauen Saal, der aus einem einzigen Saphir geschnitten ist, es gibt Marmorgewölbe, die mit Edelsteinen aller Art über und über angefüllt sind, so daß ich an Aladdin und die Wunderlampe erinnert wurde. Waffen und Rüstungen sind aus hellem Gold, jener Goldfarbe, die es auf Erden nirgends gibt, mit herrlichen Juwelen eingelegt.

Aber nicht nur die Edelsteine erstrahlen in blendend hellem Licht, — auch das Holz, die Pforten, Türen, Täfelungen haben Glanz — die Materie strahlt. Nur wenn der Sinn der Dinge es erfordert, sind sie düster.

Und ich gebe Huxley durchaus Recht, wenn er meint, daß die menschliche Phantasie in diesen Sphären ihre Urbilder geschöpft habe, wenn je auf Erden ein großes Kunstwerk entstand.

Noch ein anderes Charakteristikum der oberen Sphären möchte ich erwähnen, von der meines Wissens Huxley nicht spricht: die Abwesenheit aller Schwere. Das gilt für die Substanz der Dinge ebensosehr wie für das Wesen der Bewohner. Diese können zornig, wild, sie können leidenschaftlich, tragisch und pathetisch sein — es bleibt ihnen eine seelische Leichtigkeit und eine Durchsichtigkeit, die dem hellen, zarten Gold entspricht, das wahres Gold ist — und dennoch kein irdisches Metall.

Zu den Erlebnissen von Licht, Farbe, Duft, Raum und Leichtigkeit gesellt sich noch ein anderes, auditives, Phänomen. Unter vielen Erfahrungen will ich nur eine einzige berichten.

Als ich erwachte, war es Nacht. Ich hörte Musik. Ich vernahm sie außerhalb von mir und zwar so stark, daß ich zuerst meinte, sie käme von der Straße oder von einem Radio bei den Nachbarn.

Aber sie war ja unvergleichlich schöner als jede irdische Musik. Es war keine einzelne Stimme, die da sang. Es war wie ein Orchester, dann glichen die Töne einem Saxophon.

Es war die Musik der Sphären.

X

DIE GÖTTER

Die kosmischen Gewalten, denen die Planeten, denen die Himmelslichter Mond und Sonne zugehören, waren immer dieselben, wenn auch die Namen sich wandeln. Isis und Demeter, die Großen Mütter; Baldur, Tammuz und Men waren verschiedene Namen für dieselben Gestalten.

Wir können sie Götter nennen, wir können sie aber auch als Geister, Kräfte, Wesenheiten im Kosmos bezeichnen, die ein hohes Amt erfüllen und die unerschöpfliche Kraftquellen für den Menschen sind.

Ihr Wesen ist fest umrissen, ihre Funktion im Kosmos universell bekannt. Was ich diesem Wissen hinzufügen kann, ist das Erleben dieser Wesenheiten, die unmittelbare Schau. In manchen Fällen deckt sich diese mit der Tradition, in manchen wesentlichen Punkten aber habe ich die Dinge anders gesehen, als die Überlieferung mir bei späteren Studien zeigte.

„Die Götter leben." „Les Dieux existent." Dieses Wort setzt André Bonnard an den Anfang seines schönen Buches: „Les Dieux de la Grèce", und Waler F.

Otto bezeugt in jeder Zeile seines grandiosen Werkes über die Götter Griechenlands, daß für ihn die antiken Gottheiten eine Wirklichkeit bedeuten, an die er ehrfürchtig glaubt.*)

Jede Gottheit bedeutet eine Welt. Menschen gehören ihrer Affinität nach jeweilig einer Gottheit oder mehreren Göttern zu. Wir können ihren Widerschein in uns erleben, und dieser innere Zusammenhang stellt sich in den Horoskopen dar.

Die Götter verwenden die Menschen als Ausführungsorgane für ihre Kraft. Dahinter und darüber aber waltet das unfaßliche Göttliche, von dem alle kosmischen Gewalten ein aktiver Ausdruck sind.

Engel und Götter sind ihrem Wesen nach grundverschieden. Eine Gottheit ist eine Individualität im höchsten Sinn — die Engel sind unpersönliche Emanationen des höchsten Göttlichen.

Ein Geistlicher der Ostkirche, der selbst ein Mystiker ist, erklärte mir, daß ein polytheistisches Erleben der Welten ein ganz natürlicher, normaler Weg zum Erfassen der Einen Gottheit sei.

Jupiter strahlt unter allen Göttern die größte Wärme aus. Er hat eine bezwingende, wahrhaft göttliche Heiterkeit.

Lange Zeit erfaßte ich nur die künstlerische Seite seines Wesens, seine schöpferische Fülle und Liebeskraft,

*) Siehe auch Karl Kerenyi: Die Antike Religion. Verl. Eugen Diederichs, Düsseldorf.

nicht seine kosmische Bedeutung. Da erschien mir Jupiter eines Tages in seiner wahren Gestalt, zeitlos, von Wolken umwittert, ein übermenschliches, antikes Götterhaupt.

In seinem Reich ist die Natur besonders üppig, dabei nach einem sinnvollen Plan geordnet; die Menschen sind besonders schön, die Farben von einer ganz speziellen satten Leuchtkraft. Das Licht ist sanft und stark zugleich. Alles, die Fontäne, die im Vorhof seines Palastes sprudelt, die weiten, erlesen ausgestatteten Räume, der Park mit den uralten Eichen und Buchen atmet vollkommene Harmonie.

Hier draußen hält sich E r o s , der leichte, strahlende, die Herzen verknüpfende junge Gott mit Freuden auf. Hier kauert er, auf einem Baumstumpf, anmutig wie der „Dornauszieher", dem er gleicht, und verzaubert Götter und Menschen mit seinem Flötenspiel.

Das Wesen von U r a n u s ist: Intuitives Erkennen.

Diese Erkenntnis ist absolut objektiv und daher ohne Rücksicht, ohne Beimischung eines Gefühls. Dieser Gott ist einsam, er kennt wohl Leidenschaft, aber keine dauernde Liebesverbindung; sein Reich ist eine hochgelegene, schwer erreichbare, vom Meer umspülte Burg.

In Wahrheit ist er ein Wanderer, ohne Besitz, an kein Reich gebunden. Ihm gehört die Zukunft — und er weiß es.

Ich sah ihn einmal, auf einen Felsen gelagert, den Blick in die Ferne gerichtet, ein wunderbarer Jüngling.

Damals umgab ihn ein Hauch von Träumerei, der später verschwand; er glich einem Dichter aus der Romantikerzeit. Dann wuchs er mehr und mehr in seine uranische Mission hinein.

Sein Wesen ist voll überlegener Ironie, und darin gleicht er seinem Freunde Luzifer. Er liebt die Menschen nicht, er betrachtet die Erde, den Mund ein wenig schief herabgezogen, mit kühlem, mitleidigem Spott.

Von allen Göttern hat er wohl die höchste, durchdringendste Intelligenz. Er ist der modernste unter ihnen, der geniale Erfinder, der Neuerer, der Revolutionär — und auch der Zerstörer des Alten, wenn es Neues zu schaffen gilt.

Er erschien mir einmal in der Tracht eines Renaissancemenschen, eines Feldherrn, mit einem breiten Filzhut und wallender Feder, unter dem sein reiches, dunkelblondes Haar hervorquoll.

Hier zeigte er die kriegerische Seite seines Wesens — jedoch für ihn gibt es nur geistigen Kampf. Darin ist er anders als M a r s , der auf der ganzen Linie ein Kämpfer ist. Aber auch der Gott des Krieges ist nicht blutgierig, nicht böse, auch er repräsentiert eine geistige Kraft.

Alle Götter sind groß. Erst durch die Trübung des menschlichen Blickes erscheinen sie rachsüchtig, kleinlich oder grausam. Durch die Optik des menschlichen Unverstehens wird ihr Bild bis zur Unkenntlichkeit verzerrt. Sie alle sind notwendig, damit die Welten weiterrollen.

Welch ein Wunder ist N e p t u n — auch wenn er Schiffe verschlingt und in den Tiefen seiner Ozeane begräbt.

Er ist der Gott des Rauches und der Träume. Wie er da stand, am Meeresufer, leicht an einen Felsen gelehnt, den Blick der grünblauen Augen ins Weite gerichtet, war er ein Bild äußerster Sensitivität. Sein Gesicht war schmal, bartlos, jung, zum Kinn stark verjüngt, die Gestalt war mittelgroß. Er ist ein Seher und ein Dichter, kein Kämpfer. Sein Palast liegt in den Tiefen des Ozeans, sein Reich ist das geheimnisvollste von allen Reichen.

Aber vergessen wir nie, daß die Meere, Wälder, Räume und Gestalten, von denen hier die Rede ist, nicht aus irdischem Stoff geformt sind. Sie existieren in einer Sphäre der Unvergänglichkeit, von der die Seher immer wußten, als Formen eines außer uns vorhandenen transzendenten Seins.

Sri Aurobindo schreibt in den Briefen an seine Schüler: „Alle Schöpfung hat zwei Seiten, eine geformte und eine, die keine Form besitzt. Die Götter sind ebenfalls ohne Form — und doch haben sie Gestalt. Ein Gott kann viele Formen annehmen, eine Göttin kann hier Maheshvari heißen und in einem anderen Lande Pallas Athene. Maheshvari hat viele Gestalten, in denen sie sich manifestieren kann: Durga, Uma, Pârvathi. Die Götter sind nicht an menschliche Formen gebunden, und die Menschen haben sie auch nicht nur in menschlicher Gestalt gesehen ... Die Götter sind keine unpersönlichen Gegebenheiten, sondern kosmische Persönlichkeiten. Sie können sich jedoch verbergen, und meistens verschleiern sie sich auch hinter der Bewegung von unpersönlichen Kräften ..."

Saturn steht in unmittelbarer Beziehung zum menschlichen Schicksal. Auch er ist nicht böse, wie in den Horoskopen oft irrtümlich gesagt wird. Dieser Gott erscheint den Menschen als finstere Schicksalsmacht, als Unglücksbringer, weil sie seine Absicht nicht begreifen. Er ist derjenige unter den kosmischen Gestalten, der die tiefste Verinnerlichung will. Er straft den Menschen nicht, sondern er verkörpert das Schwere im Leben, das wie Strafe aussehen kann, das aber nichts anderes als Folgerichtigkeit ist. Die Schicksalsschwere, (das ihm zugeordnete Blei), in Gold umzuschmelzen, in sonnenhelle Erkenntnis, ist die Aufgabe des Menschen, ist das alchemische Opus, das jeder vollbringen muß, und sei es durch Leiden und Einsamkeit. Diese Einsamkeit verleiht Saturn, ebenso wie Armut, freiwillige oder erzwungene.

Saturn ist bartlos — von allen Göttern trägt nur Jupiter einen Bart. Saturns Kopf ist schmal, die Augen liegen tief und nahe beieinander. Er hat ein Adlerprofil, und seine Nasenflügel beben, wenn er zornig ist. Er ähnelt byzantinischen Mosaiken, aber er hat einen Ausdruck, der an die Gestalten des Greco erinnert, beseelt, ungeheuer vibrierend. Sein Wesen ist düster, es kann aber auch strahlend sein.

Jeder Gott im Kosmos ist fähig, die ganze Skala dessen zu empfinden, was wir Menschen „Gefühl", „seelische Erregung", „Emotion" nennen würden, nur tausendfach verstärkt. Jedoch bestimmte Töne dieser Skala treten besonders hervor, und das bezeichnet das Wesen des Gottes und damit sein Amt in den Welten. Jeder unter ihnen besitzt Erkenntnis, aber nicht jeder i s t Erkenntnis.

Die Intelligenz von M e r k u r ist nicht minder umfassend als die von Saturn, aber sie hat eine andere Färbung. Dieser Gott besitzt die Leichtigkeit, das Flüssige und Verbindende, das Saturn nicht haben kann, da es seinem tiefsten Wesen widerspräche.

Aber auch diese beiden Gestalten, die so verschieden zu sein scheinen, haben etwas Verwandtes: unter der Grazie von Merkur, dem engelhaftesten unter den Göttern, verbirgt sich der Psychopompos, der die Seelen ins Jenseits geleitet. Er ist, wie alle Götter, ein Instrument der Wandlung.

Alle, ohne Ausnahme, greifen in die Geschicke der Menschen ein. Sie schaffen sozusagen Leitern, die von einer Sphäre in die andere führen.

In der Astralwelt geschieht dasselbe wie bei den Tibetanern, nur in entgegengesetzter Richtung. Dort liest der Lama dem Toten die Vorschriften vor, wie er sich beim Austritt aus dem Körper verhalten solle nach dem Ereignis, das wir „Tod" nennen.

Drüben gibt Saturn, der Schicksalsgott, den Kindern

ein, wie sie sich bei ihrer Wiedergeburt, beim Eintritt in die neue Mutter, verhalten sollen, — und vor allem, wie sie ihre Eltern und damit ihr Schicksal w ä h l e n sollen.

Luzifer

Luzifer, der Erzengel und dunkle König, ist mir mehrmals erschienen, und er ist völlig anders, als alles, was ich je über ihn gedacht, gehört und gelesen hatte.

Er ist unsagbar schön, er gleicht dem Apoll von Belvedere in der vollendeten Regelmäßigkeit seiner Züge, wie in der freien, gelösten Haltung; er ähnelt auch dem Giuliano Medici in der Medicikapelle in Florenz.

Es ist mir bekannt, daß er anderen Sehenden schwarz erschienen ist, tief dunkelblau, wie Glas, oder wie eine Statue aus dunklem Erz, — ich aber sah ihn golden. Er ist der Antipathetische unter den himmlischen Gestalten, voll Ironie und Verachtung; er ist aber auch, mit Apollon, der Geist der Kunst.

Sein Wesen ist vieldeutig, schillernd und rätselhaft; es hat tausend Facetten. Phosphoros, — der andere schöne Name für Luzifer, — ist formende Kraft, nicht nur in Musik und bildender Kunst — er ist auch der Geist der Natur. Wenn Lilith alle Früchte und Lebewesen der Erde schafft, so gibt Luzifer dem Apfel die vollendete Rundung und dem Rassepferd seine einzigartige Eleganz.

In ihm lebt der Geist des Dionysos. Er sagt selbst

über sich aus: Ich war Dionysos, ich war Pan. Luzifer ist mir in seiner göttlichen Substanz, als Erzengel erschienen — er hatte nichts mit dem christlichen Satanas gemein.

Sein größter Widersacher ist Saturn. Denn Saturn will Erkennen, und seine Erkenntnis führt zur Auflösung der Form. Da, wo Luzifer die weitausgreifende Geste des Schöpfers ausführt, da zieht Saturn sich in denkerische Einsamkeit zurück.

Ihre Reiche stoßen aneinander: die von Fruchtbarkeit strotzenden Gärten des Luzifer und die asketische Stadt Saturns, in der die Natur dem Geiste untergeordnet ist. Bei Luzifer herrscht überströmende Fülle, Fruchtbarkeit ohne Ende, bei Saturn folgt alles einem streng durchgeführten Plan. Sie sind Gegenspieler — und doch brauchen sie und bedingen sie einander. Luzifer sprach den grundlegenden Satz aus: „Saturn will die Vermenschlichung des Gottes, und ich will die Vergöttlichung des Menschen."

Lilith oder Demeter, die große Mutter — die Inder nennen sie Shakti — steht Luzifer nahe, man könnte sagen, sie sei seine Schwester. Sie ist der Welt überströmendes Herz, sie ist alle Weiblichkeit der Schöpfung.

Ich sah sie oft in ihrem Reich, einer Art göttlichen Bauernhofs, wo sie Wein keltert und Brot bäckt, wo Bienen schwirren und wo sie herrliche Tauben, Hühner und Pfauen aufzieht. Lilith ist eine Welt, wie jede Gottheit, und kein menschliches Verstehen kann den Umfang dieser Wesen ermessen.

Ich sah diese Göttin als Einheit, obwohl ich weiß, daß die Tradition in Lilith und Demeter verschiedene und sogar grundverschiedene Aspekte des Weiblichen erkennt. Sie erschien mir als Mutter Erde, über Gut und Böse stehend, als eine Gottheit, die, wie Sri Aurobindo sagt, unzählige Namen tragen kann.

Wie anders ist Venus, die auch, wie Demeter-Lilith, eine tief geheimnisvolle Göttin der Liebe ist. Venus, die Schönste, ist wohl von allen Göttern die am meisten Mißverstandene.

In einem esoterischen Sinn sind Saturn und Venus, welche die größten Widersacher zu sein scheinen, nahe miteinander verwandt. Auch Venus-Aphrodite zwingt zur Vertiefung und Verinnerlichung und damit zur Erhöhung des Seins. Sie erhebt den Menschen auf den Gipfel des Lebens — Liebe und künstlerisches Schaffen — und sie schleudert denselben Menschen in Abgründe der Verzweiflung und der Einsamkeit. So ist sie eine der großen Werde- und Verwandlungskräfte in den Welten. Wer niemals liebte, sich nie in einen Anderen verlor, kann nicht über sich hinauswachsen.

Die große, alles bewegende Kraft in den Welten ist Liebe. Damit ist nicht eine verklärte Liebe, Agape, Caritas, gemeint, sondern die volle Liebe, in der das ganze Wesen, Körper und Seele, mit inbegriffen sind.

In allen Sphären herrscht diese Liebe, auch bei den

Göttern. Das ist die große Anziehungskraft, die Ursache, daß Schöpfung entsteht, immer neue Begegnungen, neue Inkarnationen, neue Welten.

Warum ergreift uns ein Wesen zutiefst, gerade dieser Mensch und nicht ein anderer? Weil Schicksalsfäden uns umschlingen, weil wir uns von je und je gekannt haben. Da rauscht geheime Erinnerung herauf, da formen sich jene Bindungen, die unlösbar sind, im Guten wie im Bösen.

Doch alles Gesagte wäre matt und unvollständig, wenn die folgende Erfahrung nicht hinzukäme. Zuerst sah ich einen riesigen leuchtenden Fleck an der Wand, der zackig und unregelmäßig war. Er bewegte sich kreisend und stand dann still; er erfüllte die Hälfte der Wand. Dieses Gebilde bestand aus einer irreellen Substanz, es war wie aus Schnee und Eis geformt, mit einem silbrigen Schein, durchsichtig, von unsagbarer Reinheit, glitzernd wie ein Stern. In dieser Sternenlandschaft befanden sich zwei dunkle Seen, durch einen Grat getrennt, und darunter waren zwei andere Seen, aber viel kleiner.

Plötzlich wußte ich, daß diese Landschaft ein Antlitz war; die großen Seen waren die Augen in ihren Höhlen, die kleineren darunter waren die Nasenlöcher. Es war das Gesicht von Luzifer, ungreifbar hingelagert, seine wahre Essenz, lichtbringend und ewig.

Jede Gottheit und auch Luzifer kann in ein anderes Wesen, in einen Menschen, hineinsteigen und von ihm

Besitz ergreifen. Er wirkt durch ihn hindurch, wie das immer wieder großen Künstlern und Dichtern geschah.

Aber wehe dem Menschen, der in eine allzu nahe Berührung mit diesen Wesen tritt! Hölderlin bezahlte schwer, daß er die Schwelle überschritten hatte, die Menschen und Unsterbliche trennt. Auf den heiligen Wahnsinn folgt leicht der menschliche, und den Rachegeistern der Himmlischen ist der Mensch nicht gewachsen.

Vor mir erschien ein Kopf, griechisch, klassisch, das Haupt des Apoll von Belvedere, aber lebend, in goldenes Licht getaucht. Es war Luzifer, der apollinische Geist der Klarheit. Der Kopf wandelt sich, die vollkommene Form wird in menschliche Proportionen aufgelöst. Die Haare sind verwildert, die Stirne wölbt sich gewaltig, die Augen sinken ein. Der Ausdruck ist nun leidensvoll, menschlich zerrissen, das Haupt ist großartig, immer noch, aber dämonisch aus der klassischen Form herausgesprengt. Ich erkenne Beethovens Antlitz.

Beethoven mußte einsam sein, um sich restlos dem Drüben hinzugeben, seine Ohren mußten für alle irdischen Geräusche verschlossen sein, damit die Stimme des Großen Künstlers, die durch ihn hindurchtönte, und nur sie, für ihn vernehmbar sei.

Das Schauen der Götter ist etwas Wunderbares — aber ist es erstaunlicher, als daß manche Menschen die Jungfrau Maria gesehen haben, daß ihnen Christus erschienen ist?

Die Mächte, die im Kosmos wirken, und die auch das menschliche Leben bestimmen, haben Form. Sie werden nicht nur als Formen von uns Menschen erlebt. Meist sind die Götter jung, oder vielmehr: sie sind zeitlos. Sie erschienen mir in dem Alter, das ihrem Wesen entspricht. Eros ist ewig jung, heiter und beschwingt, Saturn könnte kein Jüngling sein. Er ist ein reifer Mann in voller Manneskraft, kein Greis.

Die Göttergestalten besitzen eine dem Menschen ähnliche Form, nur in Vollkommenheit. Ich sah sie etwas überlebensgroß, und alle waren sie von vollendetem Ebenmaß. Jeder Gott erfüllt ein Amt in den Welten, oder ist ein Seinsaspekt des Ganzen, und er drückt die Mission, die ihm anvertraut ist, in jeder Bewegung, in jedem Wort, jedem Atemzug aus.

Auch die Götter wandeln sich. Sie sind schicksalsfähig, in den Kreislauf der Geburten einbezogen. Sie sind seelisch bewegt und sogar erschütterbar. Ihre Erregung setzt sich gewaltig verstärkt in den Welten fort. Wenn Saturn zornig ist, erzittern alle Saturnkinder, und selbst die Metalle vibrieren mit. Wenn Mars und seine ewige Gemahlin Venus sich in Liebe begegnen, geht eine Welle von Erotik durch die Welten, ein Bildhauer schafft eine herrliche Statue, ein Dichter ein unsterbliches Sonett.

Ich glaube, die Fähigkeiten des „Schauens“ werden mehr und mehr entwickelt werden, und in einigen hundert oder tausend Jahren werden die Beziehungen zwischen den Welten, die ja im Unbewußten des Menschen, in seinen Träumen, immer da sind, etwas Selbstverständliches sein, d. h. sie werden in das Bewußtsein der Menschen vorgedrungen sein.

Wir können — manche unter uns — die Bewohner der anderen Sphären schauen. Wie aber erfassen die Wesen von drüben die Bewohner unserer Erde?

Nicht alle Wesen dort sind fähig, die Menschen zu erblicken, denn ihre Sinne sind dafür nicht ausgebildet, oder sie haben sich von der Erde abgewandt. Die Engel, die Weisen und die Götter aber wissen alles, was auf der Erde vorgeht. Sie beobachten die Seelenfarben in ihrer Verteilung, und sie erkennen die Entwicklung eines Menschen, je nach der Veränderung dieser Farben.

Ein helles Gelb ist das Zeichen höchster geistiger Evolution, darauf kommt Orange, dann Blau in allen seinen Stufen. Rot ist der Ausdruck von Liebe und Leidenschaft, Hellrosa zeigt zarte geistige Liebe an. Grün ist die Farbe des Wachstums, des Werdens, auch auf spirituellem Gebiet.

Es ist sicher, daß manche Wesenheiten uns Menschen von drüben aus erblicken können; ich habe aber auch erfahren, daß sie uns an unserem Geruch erkennen. Sie spüren uns nach, so, wie wir es mit ihnen tun. Ich nehme an, daß es ein „seelischer Geruch" ist, den sie aufnehmen, unsere Schwingungen, genau so, wie wir ihre Vibration auffangen können, wenn wir bereit sind.

Manche Wesen von drüben erkennen uns Menschen

außerhalb der Zeit und unabhängig von unserer heutigen Form. Sie empfinden unseren physischen Leib als ein Versteck, in welchem sich das Bleibende, das Ewige verbirgt. Sie sehen nicht die einzelne Perle, sondern die ganze Perlenschnur. So erkennen sie ein Individuum in der Ganzheit seiner Schicksale, oder vielmehr seines Schicksals.

Auch Götter können ihre Seelenfarben ändern, denn jeder ist der ewigen Bewegung unterworfen. Ein Gott kann aus seinem Amt zurücktreten und seine Rolle in den Welten einem Nachfolger übertragen. Das geschieht, wenn er selbst in eine höhere Sphäre eingeht. Er bleibt sich immer treu, aber er wirkt aus größerer Ferne, in einer verklärten und erhöhten Form. Die Götter sind an ihre Reiche nicht gebunden, sie sind frei, auch die anderen göttlichen oder menschlichen Wohnorte aufzusuchen. Es besteht eine ständige Verbindung zwischen allen Ebenen und Reichen. Die wesentlichen Mittler zwischen den Sphären, zwischen oben und unten, aber sind die Engel.

XI

DIE ENGEL

Will ich von den Engeln berichten, so muß ich zu einer besonderen Palette greifen. Keine Farbe ist zart, keine Gewebe fein, kein Perlmutter und kein Opal schimmernd genug, um auszudrücken, was sie sind. Alabastern und kristallen sind ihre Züge und klar wie ein Bergbach ist ihr Wesen.

Ihre Wahrhaftigkeit, an der Unzulänglichkeit des Menschen gemessen, kann wie Grausamkeit aussehen, aber das ist nur Schein. Die Engel stehen über der Skala menschlicher Eigenschaften und Werte, denn sie haben kein Ich. In ihnen lebt auch kein Werdedrang wie im Menschen — sie *sind*.

Engel sind Boten des Jenseits. Das ist ihre eigentliche Funktion, im wahrsten Sinne des Wortes ihre Sendung. Diese Botschaften überbringen sie mit absoluter Treue und Objektivität.

Es steht für mich außer Frage, daß die Engel doppelgeschlechtig sind. Sie sind nicht Hermaphroditen, sondern androgyne Wesen, in einem geistigen Sinn. Im Engel ist die Polarität männlich-weiblich überwunden, die Heilige Hochzeit vollzogen. Daher besteht auch in ihnen kein Wunsch nach Vervollständigung oder Vereinigung. Doch je mehr ich mich in die Erinnerung an die Engelgestalten vertiefe, die mir erschienen sind, umso mehr neige ich dazu, die Engel als vorwiegend männlich zu erkennen. Sie haben aber das „Weibliche" vollkommen assimiliert.

In der Kunst hat erst die Renaissance die weibliche Figur des Engels geschaffen. In der altchristlichen Darstellung, z. B. in der Priscilla-Katakombe, sind die Engel schöne Jünglinge. Erst seit dem fünften Jahrhundert erhalten sie Flügel, die andeuten sollen, daß sie als Boten Gottes Raum, Zeit und Erdenschwere überwinden.

Die Frage nach dem Geschlecht stellt sich übrigens nicht, wenn man einem Engel Aug in Auge gegenübersteht. Da ist der Mensch überwältigt, da fühlt er eine einzige Sehnsucht: daß der Engel b l e i b e. Man möchte nur hinhorchen und schauen, ganz Ohr sein und ganz Auge.

Ich habe nie unbekleidete, erwachsene Engel gesehen, wohl aber kleine Engelkinder, in ihrer rosigen Nacktheit.

Die Kleidung der Engel hat unendliche Varianten in Form, Farbe und Faltenwurf. Manche tragen helle, fließende Gewänder und andere wieder eng anliegende Schuppenhemden. Hier aber müssen wir unterscheiden zwischen den dunklen und den hellen Engeln.

Engel sind lebendige Wesen, keine Schöpfung menschlicher Phantasie. Aber sie leben nicht auf jener Ebene, auf der sich das Geschehen abspielt, das wir „Historie“ nennen. Wenn wir die Engelwesen mit unseren menschlichen Sinnen erfassen wollen, können wir ihnen nicht begegnen.

Einer der bedeutendsten Zeugen für das Dasein der Engel ist Emanuel Swedenborg. Niemand, der die Engel liebt, oder auch nur über sie nachdenkt, kann an seinen Beobachtungen vorbeigehen. Er besuchte die himmlischen Welten, er verstand, kraft des „inneren Hörens“ die Sprache der Engel, die eine Übermittlung seelischer Inhalte ist, die der Worte nicht bedarf. Swedenborg hat die Engel gesehen, er hat ihre Botschaft vernommen, aber er verkennt m. E. ihren wahren Charakter, wenn er meint, daß Engel und Geister den Menschen jeden Gedanken und jedes Gefühl einflüstern, bis zu den banalsten Handlungen des Alltags.

Jean Daniélou, ein Jesuitenpater, schreibt in der Einführung zu seinem Buch ‚Les Anges et leur Mission‘: „Wir begegnen zwei Irrtümern hinsichtlich des persönlichen Charakters der Himmelsbewohner. Der erste Irrtum wird von den Rationalisten begangen, die Engel und Dämonen auf personifizierte seelische Realitäten zurückführen wollen und die in den Wesenheiten eine mythologische Interpretation von Dingen sehen, zu denen die Psychoanalyse den Schlüssel besäße.

Der zweite Irrtum geschieht von der Gegenseite her: es stellen sich — mit Recht — andere diesen Tendenzen entgegen. Solche Leute wünschen dringend, etwas von der unsichtbaren Welt zu erfahren: sie versuchen mittels Spiritismus und Theosophie dorthin vorzudringen. Mit derartigen unvorsichtigen Versuchen entfernen sie sich aber von dem einzigen wirklichen Zugang zu dieser Welt, der Jesus Christus heißt."

Jean Daniélou meint, daß es aus allen diesen Gründen heutzutage besonders angezeigt sei, den Engeln eine Studie zu widmen, und zwar eine Schrift über die Mission der Engel. Und das umso mehr, als die größten Heiligen in enger Verbindung mit diesen himmlischen Gefährten gelebt haben, vom Hl. Augustin bis zu John Henry Newman. Er fährt fort: „Thomas von Aquin hat sich in seiner ‚Summa Theologica' intensiv mit Angelologie beschäftigt. Er behandelt in dieser Schrift die subtilsten Fragen über die Natur der Engel, er spricht von ihrer Anmut, ihrer Intelligenz und ihrer Liebe mit höchster Meisterschaft und ist darum nicht ohne Grund der ‚doctor angelicus' genannt worden."

In den Augen des Pater Daniélou werde ich mich der beiden Irrtümer schuldig machen, da ich von der Tiefenpsychologie her komme, und auch der Spiritismus ist mir zum Teil aus eigener Erfahrung bekannt. Aber sind nicht alle Wege gültig, die zu den himmlischen Welten führen? Ist es nicht denkbar, daß auch die Engel sich moderner Mittel und Denkweisen bedienen, um sich einem Menschen zu nähern, der den Weg der Kirche nicht beschritten hätte?

Ist das nicht gerade ein Beweis ihrer Kraft? Ihre Mission begann ja auch vor dem Erscheinen Christi auf Erden, wie Jean Daniélou selbst in einem besonderen Kapitel ausführt. Er schreibt: „Clemens von Alexandrien, dessen wohlwollende Haltung den Werten der heidnischen Welt gegenüber bekannt ist, erkennt die aktive Rolle der Engel bei der Übergabe der Gesetzestafeln an Moses an, und er betont, daß es Engel waren, die den Griechen ihre Philosophie übermittelten."

Das Buch Daniel erwähnt die Engel, die Persien und Griechenland vorstanden.

Ich halte es meinerseits für richtig, aufzuzeigen, daß die himmlischen Boten sich ohne Vorbehalt an alle Menschen wenden, die Hilfe brauchen oder Erkenntnis suchen und selbst an solche, die nicht gläubig sind, nichts vom Dasein der Engel wissen und sie daher auf dem christlichen Wege gar nicht suchen können. Ein geistiger Weg kann doch gerade über Irrwege führen, und er mag vielleicht nicht Christus heißen, sondern zu ihm hingeleiten.

Wie dem auch sei, das Büchlein über die Mission der Engel ist eine Quelle der Belehrung für mich geworden, ein theologischer Leitfaden zum tieferen Verstehen meiner Gesichte. Es ist nur sonderbar, daß Daniélou niemals die Engel beschreibt. So bleiben sie etwas blutarm und farblos, eine Abstraktion.

Dabei sind die Erscheinungen von Engeln in Wahrheit alles andere als abstrakt. Engel sind ungeheuer dynamisch, sind konzentriertes Leben in erhöhter Form. Geist und Leben sind zu größter Harmonie in ihnen verschmolzen, zu einem unzerstörbaren Sein. Hierin liegt ihr Zauber. Engel sind immer umflossen von Poesie, und selbst der trockenste Text der Kirchenväter kann ihnen den geheimnisvollen Glorienschein nicht rauben, der sie umgibt.

Engel sind niemals süßlich oder sentimental, niemals schwächlich, trotz ihrer Zartheit. Es verbirgt sich eine kosmische Kraft hinter ihrer Sanftmut. Sie sind ja auch, in einem der vielen Aspekte ihres Wesens: ‚Geist der Elemente'. Das gilt besonders für die luziferischen Engel.

Die Engel stehen in engster Beziehung zu dem, was Menschen als das Heilige empfinden.

Sie sind bei allen wichtigen Ereignissen zugegen, ob diese nun kosmischer oder menschlicher Natur sind. Sie verkünden diese Ereignisse voraus und sie erleben sie mit, ja, sie sind aktive, ausführende Wesen, nicht nur eine Art himmlische Dekoration, als welche manche späteren Maler sie darstellen.

Der Erzengel Gabriel brachte der Jungfrau Maria die Botschaft, daß sie das auserwählte Gefäß für das göttliche Kind sei, und Engel sind es wiederum, die den Hirten die Geburt dieses Kindes anzeigen. An der Krippe stehen sie Wache, und ihre Warnung rettet Mutter und Kind vor dem Entsetzen des Massenmordes der Kinder in Bethlehem.

Wieder war es ein Engel, der vom Himmel herabkam, um Jesus zu stärken, als dieser auf dem Ölberg einsam mit dem Tode rang. Dies wird von Lukas 22, 43, als einzigem Evangelisten berichtet. Engel betreuten das Grab und fuhren mit Christus gen Himmel. Mehr noch, sie begleiteten ihn in seinem Aufstieg durch die Sphären. Nur der Zugang zur Hölle war ihnen verschlossen.

Der Vorhang des Tempels in Jerusalem zerriß im Augenblick von Christi Verscheiden — denn der Engel war plötzlich verschwunden, und der Tempel darum seines Hüters beraubt.

Immer gewaltiger erscheint das Wirken der Engel, je mehr der menschliche Jesus verschwindet und die übermenschliche Gestalt Christi hervortritt. Ihr Wesen hatte noch kindliche Süßigkeit bei der Nativität — ganz anders ist ihre Rolle bei der Auferstehung. Da bekommen sie eine unfaßbare Größe und Autorität.

Immer wieder begegnen wir der Grundnatur des Engels: er heilt, er betet an, er verkündet und er begleitet. Das irdische und überirdische Leben Christi ist eingehüllt von den himmlischen Heerscharen.

Noch eine andere Fähigkeit des Engels ist wichtig: die Inspiration. Abraham wird durch einen Engel in die Geheimnisse Gottes eingeweiht, und Moses wird von Engeln auf den Berg Sinaï geleitet, um aus ihrer Hand das Gesetz zu empfangen.

Hilarius von Poitiers, in seinem Kommentar

BENOZZO GOZZOLI

La Madonna della Cintola

TINTORETTO

Der Erzengel Gabriel

zum 67. Psalm, gibt eine eindrucksvolle Beschreibung dessen, was auf dem Sinaï geschah, als Moses die Gesetzestafeln übergeben wurden, und hier spürt man deutlich die Größe des Geschehens, die göttliche Mission des Engels durch die Worte hindurch: ‚Die brennenden Fackeln, die blendenden Blitze, das dumpfe Rollen des Donners, der unsagbare Schrecken, der die Theophanie begleitet, das alles zeugt für die Gegenwart der Engel, die Überbringer des Gesetzes.'

Augustin fügt diesem Text hinzu: ‚Die Engel verkündeten das Gesetz mit schrecklicher Stimme.' An anderer Stelle heißt es, daß der Erzengel Michael, der besondere Beschützer des jüdischen Volkes, mit dem Verkünden der Gesetze betraut wurde.

In diesem Bericht des Hilarius ist der Einbruch einer Sphäre in die andere als wirklich Erlebtes dargestellt, der panische Schrecken der Kreatur in der Begegnung mit dem Übermächtigen. Diese Darstellung mutet an wie die Reportage eines Zeitgenossen, der einer Explosion der Atombombe beigewohnt hat.

Wir sahen die großen kosmischen Ereignisse von Engeln begleitet; in kleinerem Maßstab geschieht dasselbe im Leben des Menschen.

Der Schutzengel überwacht die gesamte Existenz, er liest die Gedanken des ihm anvertrauten Menschen — aber er darf ihm nicht die Schwere seines Lebens abnehmen, denn das Schicksal muß zu Ende gelebt werden.

Wenn der Schutzbefohlene leidet, seelisch und körperlich, dann ist der Engel mit besonderer Kraft geladen. Im Augenblick der Trennung von Körper und Seele reißt der Engel die Seele aus dem Leibe heraus. Aber auch damit ist seine Mission nicht beendet: sie überwindet den Tod. Der Schutzengel begleitet den Menschen durch alle Sphären.

Basilius von Konstantinopel bemerkt: ‚Wir finden schon in der Lehre von Moses, daß jeder Gläubige einen Engel an seiner Seite hat, der ihn führt und belehrt — falls er ihn nicht durch seine Sündigkeit verjagt.‘

Die wichtigsten Texte hierüber befinden sich im Buch Tobias, ferner im Evangelium Matthäus, wo Jesus von den Kindern sagt, daß ihre Schutzengel ohne Unterlaß das Angesicht Gottes schauen; außerdem in der Apostelgeschichte, wo die Befreiung des Petrus durch den Engel berichtet wird.

Diese Lehre taucht bereits in den ältesten christlichen Texten auf. Man findet sie bei dem Pseudo-Barnabé, bei Hermas, bei Clemens von Alexandrien, der seinerseits auf die Apokalypse von Petrus verweist. Origines entwickelt folgende Doktrin: ‚Jeder Gläubige, selbst wenn er in der Kirche eine unbedeutende Rolle spielt, genießt den Beistand eines Engels.‘

Der Schutzengel hat viele Namen: Beschützer, Hüter, Hirte. Dem Hermas erschien sein Engel im Kleide eines Hirten.

Aber was helfen dem heutigen Menschen die Berichte aus uralten Zeiten, was gehen die Texte und Streitigkeiten um Worte der Kirchenväter und Gelehrten uns heute noch an? Diese Kunde ist wichtig, denn sie ist nicht zeitlich bedingt — sie ist ewig.

Von allen Bewohnern der Himmel scheinen mir die Engel dem Menschen am lebenswichtigsten zu sein. Ich möchte nicht so weit gehen zu behaupten, daß sie für den Menschen da wären — aber sie sind a u c h für ihn da.

Das gilt natürlich besonders für den Schutzengel, durch dessen Mittlerschaft wir uns an den Kraftstrom anschließen können, der den Engel durchdringt.

Hier möchte ich einflechten, was eine ‚Intelligenz' einmal durch die Planchette aussprach: ‚Jeder Mensch hat nur einen Engel und jeder Engel hat nur einen Menschen. Er ist immer da — aber wenn Du an ihn denkst, kannst Du ihn sehen.'

Die Engel senken sich nieder, sie steigen empor, auf bestimmten Tönen, besonderer Musik, auch auf Düften, wie Weihrauch, auf Kultwellen, die ihnen als Stufen dienen.

Es gibt Menschen, die das unwiderstehliche Bedürfnis haben, solche Leitern zu bauen, wie die Mystiker, manche Künstler und Dichter. In einigen wunderbaren Bildern alter Meister wird dargestellt, wie ein Engel hinter dem Evangelisten steht und ihm einflüstert, was er schreiben soll. Auch Gebete sind solche Stufen. Jakobs

Himmelsleiter, auf der die Engel auf- und niederstiegen, ist das klassische Zeugnis für die Verbindung der Sphären, die sich durch alle Zeiten erneuert.

Ich kann keine Unterscheidung zwischen den Engeln nach den menschlichen Vorstellungen von ‚Gut und Böse' vornehmen. Jedoch bestehen Wesensunterschiede oder vielmehr Stufen, die zu erkennen wichtig sind. Es gibt dunkle und helle Engel.

Die dunklen Engel sind Naturgewalten; sie sind nicht auf ein geistiges Ziel gerichtet, wie die hellen Engel. Sie dienen dem Leben, nicht dem Geist. Sie sind aber auch keine Dämonen.

Es ist viel über diese Frage geschrieben und gestritten worden. Mir scheint, auf Grund meiner Erfahrungen, daß in jedem Engel ein Teil dämonisch ist und ein Teil göttlich. Es kommt wohl darauf an, welcher Teil vorwiegt.

Die neun Ordnungen der christlichen Hierarchie sind aus lichten Engeln gebildet. Dahin gehören auch die himmlischen Heerscharen. Das Gefolge des Erzengels Luzifer dagegen besteht aus dunklen Engeln.

Die weißen Engel haben schmälere Gesichter, sie tragen weiße, faltige Gewänder, oder hellfarbige. Sie sind ungefähr so, wie die alten Meister sie dargestellt haben, wie Fra Angelico oder Jan van Eyck.

Die dunklen Engel haben wilde Haare, sie sind auch schön, aber sie haben einen anderen Ausdruck. Sie tragen meist Schuppenhemden; wie glänzende Fische sehen sie aus. Auch eine Art Overall haben manche von ihnen, weißgrau, mit breitem Gürtel.

Die Engel in Luzifers Gefolge tragen eng anliegende, dunkle Schuppenhemden. Sie sind unzugänglich, düster, verschlossen. Sie haben nicht die schwebende Leichtigkeit des Boten. Sie gleichen eher mittelalterlichen Rittern oder Knappen. Sie umgeben ihren Herrn, dem sie mit absoluter Treue ergeben sind.

Die Engel bringen immer Aufregung mit sich, wenn sie in Scharen erscheinen, weil sie in verstärktem Maße vibrieren, was die anderen nur antönen. Alles bekommt einen kriegerischen Charakter.

Einmal habe ich einen kleinen Dämon gesehen, ein glattes rundes Gesicht, mit einem feuerroten Zünglein, das sich lüstern zwischen den Lippen bewegte. Er war dem Tier sehr nahe, aber ohne dessen Unschuld. Er war auch nicht böse — dazu war er zu unbewußt. Er war Trieb, ohne Seele, ohne Geist. Plötzlich veränderte er sich, sein Gesicht verlor jeden Ausdruck, es wurde pflanzlich, glatt wie eine Kartoffel. Dann verschwand das Geschöpf.

Im selben Augenblick erschien ein junger Engel, in weiße Seide gekleidet, sieghaft, strahlend, in blendend weißes Licht getaucht. Ich wußte, daß mir ein wichtiger Vorgang in den Welten gezeigt worden war: wenn eine neue Kraft entsteht, vergehen andere Kräfte.

Über das Wesen der Engel

Die Engel haben die Möglichkeit, sich in allen Welten zu bewegen. Die Luft der Erde ist ihnen nicht zu schwer, die Luft der höheren Sphären nicht zu dünn.

Da sie kein Ich besitzen, haben sie kein menschliches Fühlen der Freude, der Sorge oder des Schmerzes. Ein einziges Gefühl ist ihnen eigen, das man einer menschlichen Regung vergleichen kann — das ist das Heimweh der Engel. Diese Sehnsucht nach ihrer eigenen Sphäre kann sie plötzlich ergreifen, wenn sie, um irgendeinem Wesen zu helfen, sich in eine untere Sphäre begeben.

Engel können auch ermüden. Das geschieht ihnen, wenn sie sich verausgaben, wenn der Schutzengel seinem Anbefohlenen zu viel von seiner Kraft zugeführt hat. Aber dann erneuern sie sich wieder aus dem unerschöpflichen Born der göttlichen Kraft.

Ich habe Engel beobachtet, die sich auf schneeweißen Rossen in einem Wolkenmeer tummelten. Das Wehen ihrer Locken, das Alabasterweiß ihrer Gesichter auf dem Blau des Himmels war von unbeschreiblicher Schönheit. Ihre Anmut war kraftvoll; sie waren die Seele der Wolken und waren doch ganz sie selbst.

Einmal erblickte ich einen Engel in einem feuerfarbenen Gewand, das wie riesige Blütenblätter oder zackige Flammen um seine zarte Gestalt wogte. Es war ein Schutzengel, er brachte Lebenskraft und Zuversicht seinem Anbefohlenen, der unter einem Schicksalsschlag zusammenzubrechen drohte.

Die frommen Maler, wie Fra Angelico, Filippo Lippi und Giovanni Bellini haben die Engel gesehen. Aber es wäre ein Irrtum zu glauben, einer vergangenen Epoche oder einer bestimmten religiösen Einstellung sei es vorbehalten, die Boten aus dem Jenseits zu schauen. Engel sind auch heute bereit, aus ihrer Sphäre herabzustoßen und jenen Einbruch in die Menschenwelt zu vollziehen, die der Betroffene als Vision oder Erscheinung erlebt.

Wenn die Bereitschaft eines Menschen nicht groß genug ist, um die reine Vision zu empfangen, dann erscheint der Engel in Träumen. Es ist erstaunlich, wie viele Menschen himmlische Besucher in ihren Träumen empfangen.

Was wir Träume nennen, sind ja oft Einbrüche einer anderen Welt in die unsere, nur vermischt mit Resten des Tages. Die Konzentration auf das Traumleben und die Meditation über die Erfahrungen — sofern man alle Möglichkeiten offen läßt — kann den Weg vorbereiten für die Erscheinung des Engels.

Aber hier liegt das Wagnis, das verhängnisvolle Wagnis der Verbindung mit einer Welt, deren Umfang wir niemals ermessen können, deren Macht die Aufnahmefähigkeit des Menschen millionenfach übersteigt. Darum wob sich von jeher Geheimnis um diese Erfahrungen, gab es Eingeweihte und Profane, übte man Demut und Ehrfurcht vor den Himmlischen.

Denn Engel sind auch schrecklich. Nicht umsonst berichtet die Bibel von Würgeengeln und Engeln mit einem feurigen Schwert. Der Engel überbringt nicht nur Wahrheit — er ist Wahrheit. Sein Wesen ist so kristallen, daß das göttliche Licht hindurchschimmern kann.

Trifft diese Wahrheit auf eine menschliche Bereitschaft, so gibt es eine Erleuchtung. Augenblicksweise nur — denn mehr erträgt das Wesen des Menschen nicht. Und der Sturz ins Irdische nach der Erleuchtung kann furchtbar sein — es sei denn, daß die Botschaft befruchtet. Denn das ist ihr Sinn. Der Engel kennt das Maß unseres Verstehens; er besitzt die Organe, die ihm ermöglichen, das Erkennungsvermögen des Menschen abzuwägen.

Zeus verbrannte Semele, als er sich auf den listigen Rat seiner Gemahlin Hera der sterblichen Geliebten in seiner vollen Glorie offenbarte — aber es war ein Engel, der Hagar und Ismael in der Wüste die erquickende Quelle zeigte. Zwischen dem unfaßbar Göttlichen und dem Menschen steht die Erscheinung des Engels als Mittler. Befruchtung — hier liegt der Akzent. Auch künstlerische Befruchtung, jede Erweckung.

Die größte, die unerhörteste Befruchtung geschah der Jungfrau Maria. Da sitzt sie, wie Tizian sie malte, und ihr zu Füßen steht das rührende Nähkörbchen, und sie kreuzt die Hände über ihrer jungfräulichen Brust. Alle Kraft liegt beim Engel — oder mehr noch, sie bricht herein im Strahl des Heiligen Geistes, der zwischen beiden auf die kniende Jungfrau herabfällt. Welche Schlichtheit in der Maria und welch ein Glanz um Gabriel, den Verkünder!

Tizians Engel der Verkündigung ist einer der beschwingtesten Boten, den je ein Künstler schuf, und es ist unfaßlich, wie der Maler so viele gewichtige Falten und selbst die schwere Verschnürung des Beines zu solcher Leichtigkeit erlöste.

Ganz anders hat Fra Angelico diese Szene erlebt — denn die Botschaft erging ja auch an den Künstler, der sie zu einer neuen Wirklichkeit gestaltete. Wir sehen nur eine schlichte Halle mit Säulen, die sitzende Maria und den Erzengel, der leicht das Knie vor ihr beugt. Hier ist die Botschaft des Engels alles, die Urszene geistiger Befruchtung ist auf ihre einfachste Formel gebracht.

Engel sind Herolde, die zur Tat aufrufen — auch zu jener endgültigen Tat, die Kleider abzuwerfen und zur Verwandlung bereit zu sein, die wir Tod nennen. William B l a k e hat gemalt, wie die Seele den Körper verläßt. Auch er war ein Wissender, ein Seher, wie die meisten unter den Großen.

Aber Engel leben auch unerkannt auf der Erde. Sie wissen umeinander, doch Menschen ahnen meist nichts davon. Viele geheimnisvolle Schicksale, an denen wir herumrätseln, werden mit einem Blitzschlag verständlich, wenn wir annehmen, daß Engel sich inkarnieren können. Das geschieht ihnen durch ein Versehen: sie stürzen in die Materie — oder aber willentlich, als Notwendigkeit, um zur Erkenntnis zu kommen. Nur der Mensch kann erkennen, — Engel sind Erkenntnis, ein Strahl des göttlichen Lichtes. Um durch die Prüfungen des Erdenlebens zu höherem Bewußtsein zu gelangen, treten manche Engel den Leidensweg der Menschwerdung an.

Ihr Ringen mit der Materie ist furchtbar, sie sterben früh — oft sind sie schöpferische Menschen, Genies. Es geschehen Selbstmorde ihretwegen, weil Menschen an der unzerstörbaren Engelsubstanz zerbrechen; sie selbst leiden namenlos in dem Teil ihres Wesens, der menschlich ist, in ihrem Körper, ihren Nerven, ihrem vorübergehend angezogenen Gewand des Ich. Auch ihr Tod ist oft von Geheimnis umwoben.

Raffael Sanzio war ein inkarnierter Engel, doch nicht Michelangelo; Mozart, aber nicht Beethoven. Watteau, Verlaine, Rimbaud, Radiguet, Edgar Allen Poe, Byron und Shelley waren Engelwesen, und viele andere. Sie sind sehr schön oder sehr häßlich, sie fallen aus allen Ordnungen. Bei manchen wiegt der dämonische Anteil vor, bei anderen der göttliche, wie bei den Engeln der oberen Sphären.

Wie anders können wir Mozarts Wesen erfassen, wenn wir annehmen, daß er ein inkarnierter Engel war! Seine Musik, die lange Zeit als spielerisch angesehen wurde, ist der typische Ausdruck der anderen Sphäre, in ihrer Leichtigkeit, Anmut, Tiefe und Transparenz. Als Mozart auf der Bühne des irdischen Daseins erschien, war er bereits vollendet; als vierjähriges Kind schon ein reifer, schöpferischer Mensch. Die furchtbare Diskrepanz zwischen seinem Genie und dem Kampf ums Brot zerbrach ihn früh. Sein schweres, kurzes Erdendasein, das geheimnisvolle Requiem, das ein Unbekannter bei ihm bestellte und das sein eigener Totengesang wurde, das Verschwinden seines Körpers im Grab der Namenlosen — das alles trägt den Stempel des völligen Andersseins, des Fremdlings auf der Erde.

Auch Raffaels Werk ist lange Zeit mißverstanden worden, man hielt und hält ihn oft heute noch für süßlich und sentimental. Dabei hat sein Werk, wie selten ein anderes, die Objektivität des Engels, die formale Vollkommenheit und die Farben des Jenseits. Ich habe erfahren, daß Raffael nicht nur auf der Erde ein Engel war, sondern daß er wieder ein Engel geworden ist. Er hat seine wahre Substanz verwirklicht und hat ein wichtiges Amt in den oberen Welten zu erfüllen. Auch er war ein früh Vollendeter.

In Lord Byron tritt vor allem die Dämon-Seite des Engels hervor. Im menschlichen Leben sieht sie wie Maßlosigkeit und herrische Willkür aus. In Shelley fand er einen ebenbürtigen Freund. Byrons Tod, wie der Shelleys, ist ungewöhnlich und tragisch.

Wer je die Engelsubstanz in sich trug, kann sie nicht völlig verbergen, auch wenn er sie den menschlichen Augen entziehen will. Diese Substanz verrät sich im Werk vieler Künstler und erklärt die Seltsamkeit mancher menschlichen Biographie.

Arthur Rimbaud's dichterische Kraft, die eines Tages erlosch, umgibt ein Geheimnis, dessen Schleier niemals gelüftet wurde. Aber wenn wir voraussetzen, daß er ein Engel-Dämon war, der sich auf die Erde verirrt hatte, kommen wir dann nicht der Lösung des Rätsels näher? Aus irgend einem Grunde trennte sich einmal das Engelwesen aus der Gesamtheit seiner Person, und es blieb eine leere Hülle, ein unbewohnter Leib, der weiter vegetierte.

Die Begegnung von Verlaine und Rimbaud war von unwiderstehlicher, man könnte sagen, von kosmischer Gewalt. Es standen nicht zwei Menschen einander gegenüber — es brausten zwei Dämonen aufeinander los. Da zerbrachen alle menschlichen Werte, wie die Ehe und das bürgerliche Heim Verlaines, da suchten zwei gefallene Engel ihre himmlische Heimat.

Ihr Wesen, mit menschlichem Urteil gemessen, — und wie oft ist das geschehen im Laufe der Zeit — sieht wie haltloses Vagabundentum aus, begleitet von wüster Betrunkenheit, Verhöhnung aller irdischen Institutionen, Roheit und Wahnsinn.

In Wirklichkeit war hier alles menschliche Messen falsch; es ging immer am Wesentlichen vorbei, daran nämlich, daß hier die Substanz anders war als die menschliche. Der Körper, überhaupt alles, was dieser Welt zugehört, war diesen Wesen feindlich und fremd. Sie mußten vernichten, auch sich selbst.

Es gehört durchaus in dieses Bild, daß ihre Beziehung eine homosexuelle Note besaß. Der doppelgeschlechtliche Verlaine fand seine Entsprechung und seinen Widersacher in diesem fünfzehnjährigen Knaben, der nicht in einem übertragenen Sinn ein Teufel war, wie Mathilde Verlaine ihn nannte, sondern der in Wahrheit ein Dämon war. Nie hätte eine Frau in Verlaine die poetische Flamme entzünden können, die Rimbauds Gegenwart entfachte. Sie mußten einander verfallen, einander lieben und zerstören.

Ihre rasenden Wortgefechte arteten in blutige Handgemenge aus. Einmal schoß Verlaine auf Rimbaud, was ihm zwei Jahre Gefängnis eintrug, und verletzte ihn an der Hand. Später verwundete Rimbaud wiederum den älteren Freund und ließ ihn ohnmächtig am Wege liegen.

Beide Dichter nährten aus der unerhörten Spannung zwischen dem Anspruch des Engels und dem des Dämons ihr Genie. Beide erlebten, fern von einander, am Ausgang ihres Lebens, das auf der Erde in Elend und Verkommenheit endete, eine geistige Wandlung. Sie starben als gläubige Katholiken. Das war wohl die irdische Form, die der verborgene Engel wählte, um schließlich über den dämonischen Anteil zu siegen, mit dem er sein Leben lang gerungen hatte.

Auf einer höheren Ebene hat sich wohl das unzerreißbare Band zwischen den Dichtern als das offenbart, was es in Wahrheit war.

Und Jeanne d' Arc? Unzählige Züge ihres Wesens und Lebens deuten auf eine übernatürliche Kraft, die sie nicht nur durch ihre „Stimmen" empfing, sondern die sie selbst verkörperte.

Ein einziges Beispiel, das für hunderte dasteht, sei herausgegriffen. Folgendes geschah bei der Schlacht an der Loire, in einem kritischen Augenblick des Angriffs auf St. Pierre-le-Moustier im Jahre 1430.

Jeanne war allein geblieben, umgeben von vier oder fünf ihrer Getreuen; sie hatte sich von ihren zurückflutenden Truppen nicht mitreißen lassen.

Jean d'Aulon, ein befreundeter, verwundeter Feldherr, der den Kampf von Ferne beobachtete, warf sich auf sein Pferd und rief ihr zu: „Jeanne, was treibt Ihr hier, ganz allein? Warum zieht Ihr Euch nicht mit den anderen zurück?"

Jeanne machte darauf eine Bewegung, die d'Aulon merkwürdig vorkam, da er nicht sah, an wen sie sich richtete, eine kleine respektvolle Geste ins Leere. Sie lüftete ihren Helm, so, als begrüße sie unsichtbare Ankömmlinge und antwortete entschieden: „Was glaubt Ihr, ich bin nicht allein. Es rücken fünfzigtausend meiner Leute heran, und ich werde nicht eher ruhen, als bis die Stadt erobert ist."

Darauf stieß sie einen Schrei aus, jenen berühmten

Kriegsruf, der ihre Truppen so oft angefeuert hatte — und wirklich wurde die Stadt in Kürze besetzt, die nun plötzlich keinen bemerkenswerten Widerstand mehr leistete.

In Jeanne finden wir alle klassischen Eigenschaften der kriegerischen Engel — und war es nicht der Erzengel Michael, der Anführer der himmlischen Heerscharen, der ihr als Erster erschienen war und der ihr die schwere Mission überbracht hatte, die ihr bestimmt war? Hätten überhaupt die Engelscharen herbeieilen können, ihr zu dienen, wenn ein Mensch sie gerufen hätte? Nur ihresgleichen, oder einem Höheren konnten sie gehorchen, so wie Jeanne gehorchte, wenn ihre Stimmen es verlangten.

Selbst, als diese ihr weissagten, sie würde dem Feind in die Hände fallen, gab sie sich, wenn auch schmerzlich und angstvoll, dem Rufe hin. Immer siegte die Essenz des Engels über die menschliche Schwäche. Daß diese vorhanden war, macht die Gestalt der Pucelle nur ergreifender. Und als Jeanne sich, einmal eigenmächtig handelnd, gegen das Gebot ihrer Stimmen, vom Turm ihres Gefängnisses in Beauvoir hinabstürzte, um Compiègne zu retten, nicht um sich zu töten, — da halfen ihr die beiden Heiligen, so daß sie sich auf wunderbare Weise nach drei Tagen erholte.

Jeanne war kämpferisch, dabei sanft, völlig objektiv, der reine Bote, von allen persönlichen Wünschen frei, immer von der anderen Sphäre durchdrungen, so kristallen, wie nur ein Engelwesen es sein kann.

Vielleicht war ihr Tod durch das Feuer notwendig, um den Engel von den letzten Schlacken der irdischen Erscheinung zu befreien.

Erscheinungen von Engeln

Als mir die ersten Engel-Erscheinungen zuteil wurden, wußte ich kaum etwas über außerirdische Wesenheiten. Ich bin für diese Unkenntnis dankbar, denn so konnte ich mich, ohne vorgefaßte Meinung, diesem Erlebnis öffnen. Viel später, mit dem wachsenden Verständnis, las ich, was ich nur finden konnte, über die himmlische Hierarchie.

Nie habe ich in der Überlieferung einen Widerspruch zu meinen Erfahrungen gefunden, wohl aber feine Unterschiede, die wohl auf der Interpretation beruhen. So schreibt Jean Daniélou, der sich strikt an die Quellen, die Testamente und die Kirchenväter, hält, in seinem Buch ‚Les Anges et leur Mission' nichts, was meinen Erlebnissen widerspräche. Und das ist keineswegs erstaunlich oder sonderbar.

Denn was zu einer Tradition erstarrt ist und was eine berühmte Autorität von der anderen übernimmt, war doch einmal lebendige Erfahrung, ein so erschütterndes, umstürzendes Erlebnis wie das meinige! Ich muß mich selbst immer wieder daran erinnern, daß die Quelle ja dieselbe ist. Da stand einmal der Engel unvermutet da, da lächelte er unergründlich, da brachte

REMBRANDT

Der Traum des Tobias

FRA ANGELICO

Krönung der Jungfrau Maria (Ausschnitt)

PIERRE BONNARD

La Tasse de Café (Bild eines inkarnierten Engels) Paris, Privatbesitz

OGIER
. d.
VEYDEN

'erkündi-
ung

er Trost und Belehrung, Heilung, Warnung und Beglückung. Jahrhunderte versinken, und der Engel bleibt sich gleich.

Es wurde mir immer wieder zu verstehen gegeben, daß der Engel selbst keine Erkenntnis habe, daß er ein Bote des Göttlichen sei, er selbst ein Strahl des Lichts. Er steht nicht nur als Mittler zwischen Diesseits und Jenseits, zwischen den verschiedenen Sphären — er ist auch der Mittler zwischen den hellen und den dunklen Ebenen im Menschen selbst.

Sehr tief berührte mich ein Absatz bei Jean Daniélou ‚Les Anges et leur Mission': „Le Mystère Chrétien est celui de l'exaltation de l'humanité au-dessus de la sphère des Anges." Hier begegnet sich die christliche Tradition mit der indischen Überlieferung, die sagt: „Götter und Engel saßen zu Füßen des Buddha und ließen sich von ihm belehren. Nur der Mensch kann erkennen."

Dionysios Areopagita, auf dem sich im wesentlichen die gesamte christliche Angelologie aufbaut, schreibt über die Hierarchie der Engel: „Die höchste der neun Ordnungen, die aus den Cherubim, den Seraphim und den Thronen besteht, und die dem verborgenen Heiligtum am nächsten ist, initiiert auf geheimnisvolle Weise die zweite Ordnung der Engel, die sich aus den Herrschaften, den Mächten und den Gewalten zusammensetzt.

Diese wiederum enthüllen die Mysterien den Fürstentümern, den Erzengeln und Engeln, die ihrerseits an der Spitze der menschlichen Hierarchien stehen."

Wir begegnen hier der Idee der Initiation, die äußerst wichtig ist und die Thomas von Aquin in seine Lehre übernimmt.

Die Engel sind also Lehrer und geistige Führer. Sie schützen die Seele gegen innere und äußere Gefahren. Das gilt vor allem natürlich für den Schutzengel: er bringt Frieden, er hält zur Buße und zum Gebet an. Besonders das Bringen des inneren Friedens und der Erleuchtung wird betont; so wird Henoch von seinem Schutzengel begleitet, der ihm den Sinn seiner Visionen erklärt. Ein Kirchenvater nennt die Engel: Die Eingeweihten der Inkarnation.

In der Bibel werden nur drei Erzengel mit Namen genannt: Gabriel, Raphael, Michael.

Gabriel ist der sanfte Verkünder; er trägt auf den Gemälden alter Meister oft eine Lilie in der Hand. Manchmal erhebt er den feinen Finger zur aufhorchenden Jungfrau hin, bedeutsam, fast segnend. So hat Leonardo ihn dargestellt. Basilius von Konstantinopel schreibt: „Gabriel hat die Mysterien nicht anders als durch den Heiligen Geist selbst erfahren können." Der Name Gabriel bedeutet: die Kraft Gottes.

Aber nicht nur im Christentum erfüllt dieser Engel eine wichtige Mission. Der Engel Gabriel erscheint dem

Kameltreiber Mohammed in der Wüste und erweckt in ihm das Bewußtsein seiner Sendung. Der Anruf: „Entziffere!" d. h. verkünde! durchdringt den einfachen Mann wie ein feuriges Schwert, er wird ergriffen von der übermächtigen Engelkraft. So wird Mohammed zum Propheten und erlangt seine ungeheure Macht über die Seelen.

Ferner erfuhr ich folgendes aus den Werken des iranischen Islam: Sohrâwardi, der im 12. Jahrhundert nach Christus als Märtyrer gestorbene junge Philosoph, stellt den Erzengel Gabriel in den Mittelpunkt seiner Lehre. Ein Kapitel seines Initiationsberichtes heißt: Das Rauschen der Flügel des Engels Gabriel.

Sohrâwardi war von drei Quellen inspiriert: Hermes, Zarathustra, Platon. Er schreibt den schönen Satz: „Es genügt nicht, Bücher zu lesen, um zur Familie der Weisen zu gehören. Man muß den Weg der Heiligkeit wirklich beschreiten, der zur Vision der reinen Lichtwesen führt."

Der Engel löst und verbindet, er heilt und erleuchtet. Ja, dieses Heilen allein durch seine Gegenwart ist seine eigenste Gabe. Diese Fähigkeit besitzt in hohem Maße der Erzengel Raphael, den man auch das Urbild des Schutzengels nennen kann.

Raphael begleitet den jungen Tobias auf seiner langen Reise, unter einem menschlichen Namen verborgen. Er ist der angelus medicus, der mit den giftigen und heilenden Kräften der Natur vertraut ist. Er lehrt den

Tobias, wie er das Herz, die Leber und die Galle des gefährlichen Fisches, der den Jüngling verfolgte, benutzen kann, um die Dämonen zu bannen und die Augen des alten, erblindeten Vaters zu heilen. Raphael sorgt sogar für die Heirat des jungen Mannes. Erst als seine Mission erfüllt ist, zeigt er sich in seiner Engelgestalt und wird in den Himmel entrückt.

Eine besondere Stellung nimmt Michael ein. Er ist der Anführer der himmlischen Heerscharen, ihr Bannerträger, und wird meist mit einer Rüstung dargestellt. Er ist auch der Führer der Toten. Es wird berichtet, daß er mit dem Teufel um den Leichnam des Moses kämpfte; er ist es, der den Drachen niederwirft. Aber auch dieser Dämon, der sich ächzend am Boden windet, ist beflügelt. So hat Raffael Sanzio die Szene dargestellt. Denn die bösen Geister, Dämonen und Teufel, sind nach der christlichen Tradition ebenfalls Engel. Sie sind aber von Gott abgefallen.

Nach der Auffassung der Sufi ist Michael die Verkörperung höchster Intelligenz. So ist es keineswegs erstaunlich, daß er es ist, der nach der christlichen Legende die Seelen wägt, daß er also über die Zugehörigkeit des Abgeschiedenen zu den oberen oder unteren Welten entscheidet.

Er übt das Amt des Totenrichters aus, das im alten Ägypten Thot, dem ibisköpfigen Totengott, zugeteilt ist, jenem Gott, der das umfassendste Wissen besitzt und dem die Erfindung der Schrift zugesprochen wird.

Eine lebenswahre Darstellung des Erzengels Michael gibt van Eyck auf dem linken Flügel des Genter Altars ‚Die Anbetung des Hl. Lammes'. Da hat der zum Kampf bereite, in eine Rüstung gehüllte Anführer der himmlischen Heerscharen den tiefernsten, unergründlichen Blick, der das Engelwesen kennzeichnet.

In der Liturgie des Hl. Michael steht geschrieben: „Der Engel stand aufrecht neben dem Altar des Tempels, mit einem Weihrauchfaß aus Gold in der Hand, und er verbreitete Wohlgerüche im Überfluß. Der Weihrauch stieg von der Hand des Engels empor, bis vor das Angesicht des Herrn."

An anderer Stelle heißt es: „Der Erzengel Michael ist den Menschen häufig erschienen, so wie es die Autorität der Heiligen Schriften überliefert und die Tradition der Heiligen."

Ferner: „Sehet den Erzengel Michael, den Anführer der himmlischen Heerscharen. Seine Verehrung bringt dem Volk viele Wohltaten, und sein Gebet führt den Menschen ins Himmelreich ein." (Aus der vierten Lektion der Matutin am Fest des Erzengels Michael.)

Petrus' Befreiung

Einen der wunderbarsten Einbrüche der Engelkraft in die irdische Wirklichkeit berichtet die Apostelgeschichte im 12. Kapitel — und wir können sehen, daß

Petrus sich genau so benimmt, wie ein moderner Mensch, oder beinahe ebenso ungläubig und schwerfällig.

Hier ist der Bericht: „Petrus ward von Herodes im Gefängnis gehalten, aber die Gemeinde betete ohne Aufhören zu Gott. Und da ihn Herodes vorstellen wollte, in derselbigen Nacht schlief Petrus zwischen zwei Kriegsknechten, gebunden mit zwei Ketten, und die Wächter vor der Tür hüteten das Gefängnis.

Und siehe, der Engel des Herrn kam daher, und ein Licht schien in dem finsteren Gelaß, und er schlug Petrus an die Seite und weckte ihn und sprach: ‚Stehe behende auf.' Und die Ketten fielen ihm von den Händen. Und der Engel sprach zu ihm: ‚Gürte Dich und zieh Deine Schuhe an.' Und Petrus tat also. Und weiter befahl der Engel: ‚Wirf Deinen Mantel um Dich und folge mir nach.' Petrus ging hinaus und folgte ihm und wußte nicht, daß ihm wahrhaftig solches geschähe durch den Engel, sondern es deuchte ihm, er sähe ein Gesicht. (‚Traum' und ‚Gesicht' wird im Hebräischen durch dieselbe Vokabel ausgedrückt.)

Sie gingen aber durch die erste und die andere Hut und kamen zu der eisernen Tür, welche zur Stadt führte. Die tat sich ihnen von selber auf. Sie traten hinaus und gingen hin, eine Gasse lang, und alsbald schied der Engel von ihm.

Und da Petrus zu sich kam, sprach er: ‚Nun weiß ich wahrhaftig, daß der Herr seinen Engel gesandt hat und mich errettet hat aus der Hand des Herodes'."

Wie ein heutiger Mensch zweifelte Petrus an der Realität des Engels, und er bedurfte eines Beweises, um mit seinem Verstande anzuerkennen, was ihm doch leibhaftig geschehen war. Er meinte, der Engel sei ein Traumbild oder eine Vision gewesen — aber er war ja frei, die Ketten waren von ihm abgefallen.

Jean Cocteau, der Dichter und Maler, hat diese Befreiung in seinen Fresken der Kapelle St. Pierre in Villefranche-sur-Mer festgehalten. Unvergeßlich ist diese Szene: die dumpfe Schlaftrunkenheit des Gefangenen, sein von Bartstoppeln verdunkeltes Gesicht — und neben ihm das Lichtwesen, der Engel, unberührt und unberührbar, voll Anmut und Hoheit.

In dieser Gestalt erkennt man einen Fürsten des Lichts, eine unbegreifliche Macht, herabgestiegen von den Stufen des Thrones des Allerhöchsten, all die Kraft und Herrlichkeit, welche die neun Ordnungen der Engel besagen, in einem Wesen vereinigt.

Die Allgegenwart der Engel

Der Engel bringt immer einen unsagbaren Trost. Er übermittelt aber auch eine Forderung. Er verlangt das Höchstmaß dessen, was ein Mensch leisten kann; er erinnert ihn ständig daran, wer er ist und mahnt den Menschen, das Beste in sich zu entwickeln. Die Kraft, die er ausströmt, diese Engelkraft, soll auf Erden umgesetzt werden.

Engel erscheinen als Retter in der Not. In der physischen, in der mystischen und in der unsagbaren Not der Schaffenden. Wer kann ermessen, welchen Kampf der Engel ausficht, um das Schöpferische zu retten, das im Alltag zu ersticken droht! Da haben wir Dialoge, die niemals niedergeschrieben wurden, da ward manche Hüfte verrenkt, wie es einst dem Jakob geschah, im Kampf mit dem Engel.

Dieser Kampf, den Rembrandt ergreifend darstellt, war eine Einweihung, aus der Jakob, nach den Worten des Engels, als Sieger hervorging. Er war fortan nicht mehr Jakob, sondern Israel. Nun konnte er die Furt überschreiten und ein neues Leben beginnen. Die Himmelsleiter, die Jakob sah, erlebte er zwanzig Jahre vor seinem entscheidenden Kampf mit dem Engel.

Ich habe nie Engel mit Flügeln gesehen, aber es mag auch solche geben. Von dem Engel, mit dem Jakob rang, wird ausdrücklich gesagt, er wäre ein Mann gewesen. Dem Abraham begegnen drei Männer, also unbeflügelte Engel, um die Zerstörung von Gomorrha anzukündigen.

Die beiden Testamente sind voll von Engeln. In den Visionen der Propheten erscheinen sie häufig; da sieht Jeremias den Engel mit den sechs Flügeln. In der Vision des Ezechiel erscheinen vier geflügelte Tiere.

Giotto hat seinen bärtigen Engel, der auf Franziskus von Assisi herabschwebt, um ihm die Stigmata zu bringen, mit sechs tiefdunklen Schwingen gemalt, von denen zwei den Körper des Boten bedecken. Botticini, dessen Bild ebenfalls im Louvre hängt, malt winzige Putten, die mit zarten Fingerchen ihre sechs feuerroten Flügel wie ein Cape vorne zusammenhalten. Bernardino Luini hat auf einer Freske dargestellt, wie drei Todesengel die Hl. Katharina zu Grabe tragen.

Der Tanz der Engel — Fra Angelico hat ihn gemalt, im Jüngsten Gericht, Florenz, im Kloster San Marco. Nie ist vielleicht die Seligkeit der Erlösten schöner und ergreifender dargestellt worden, als hier. Die schwebenden Engel bilden einen Kreis, einen Blütenkranz der Holdseligkeit. Dieser Harmonie entgegengestellt, wirkt das Chaos der gehetzten Verdammten umso grauenhafter.

Der musizierenden Engel gibt es unendlich viele. Sie singen bei van Eyck, unsagbar schön, ohne Schwingen, auf dem Genter Altarbild, und sie spielen auf ihren Instrumenten bei Melozzo da Forli, im Vatikan, wie bei Giovanni Bellini, in der Kirche San Zaccaria in Venedig und bei vielen anderen.

Flöten, Zimbeln und Harfen sind ihre Lieblingsinstrumente. Aber eigentlich brauchen sie kein Werkzeug; sie sind einfach da und Musik tönt aus ihnen heraus. Es gibt nicht nur die Mission, sondern auch das Jubilieren der Engel.

Jeder Engel hat seine Eigenart, wenn er auch kein menschliches Fühlen besitzt. So wie jedes Instrument in einem Orchester seinen Sinn hat, seine Notwendigkeit und seine unersetzliche Stimme.

Engel haben auch ihren Duft. Den senden sie auf die Erde, und dieser ist für manche Menschen leichter zu erfassen als ihr Anblick.

Die Botschaft eines Engels können wir nicht analysieren. Wir können sie in uns aufnehmen und ihr gehorchen. Alle Techniken der Symboldeutung versagen, werden hinfällig, reichen nicht aus. Die Erscheinung kann auf etwas Seelisches des Empfängers bezogen sein, kann einer Anrufung folgen, sie kann aber auch andere, für uns unverständliche Gründe haben. Der Engel kommt ja aus völlig anderen Regionen, deren Bezüge zur irdischen wir nur unzureichend kennen.

Es war selten, daß ein Engel zu mir sprach. Ich konnte den Sinn seiner Sendung nur aus Farbe, Bewegung und Ausdruck erfühlen. Das Mysterium seines Kommens war schon aufwühlend genug.

Wer das Wesen der Engel erfahren will, ihre unsagbaren Farben, der stehe eines Abends bei Sonnenuntergang am Ufer der Lagune von Venedig.

Da wird das lebendige Wasser dicht und stofflich wie Eis oder wie Alabaster — und ist doch in ewiger Bewegung. Da leuchtet im Himmel und auf den Wellen ein silbriges Rosa und Mauve, das völlig unirdisch und einzigartig ist. Wir sehen ein perlmutterfarbenes Schimmern, das manche Künstler nachzuahmen versucht haben, um den Flaum ihrer Engelsflügel zu malen.

Es tritt uns eine Erscheinungswelt gegenüber, die ebenso musikalisch wie bildhaft ist, für die wir eine eigene Sprache erfinden müßten und welche die ganze venezianische Malerei befruchtet hat.

Erfahrungen mit Engeln

Wenn ich darüber nachdenke, welche Ereignisse meines Lebens schicksalhaft waren, so waren diese immer von Engeln begleitet.

Mein erstes Buch über die Engel schrieb ich als Kind. Ich erfand die Geschichte der beiden Putten zu Füßen von Raffaels Dresdener Madonna, den Roman des hellen und des dunklen Engels, und warf das Manuskript ins Feuer, als mein kindliches Machwerk verspottet wurde.

In der Zeit schwerster Not erschien mir ein Engel, den ich zuerst nicht als solchen erkannte. Damals wußte ich nichts von außerirdischen Wesenheiten; ich meinte, daß alle seelischen Erlebnisse, auch wenn sie sich im Wachen oder Halbwachen abspielten, ausschließlich innerpsychische Phänomene seien, die man ebenso verstehen müsse wie einen Traum.

Jedoch das Wesen, das da am Fußende meines Bettes kauerte, ein schweigender Wächter, war so wirklich, so lebensnah, daß es nichts mit einem Traum oder Wachtraum gemein hatte. Es war in all seiner Stille und

Reglosigkeit gewaltiger, als alles, was mir je begegnet war.

Es war ein Knabe oder Jüngling von unsäglicher Anmut und Hoheit, gekleidet in Gold und Rot, blondlockig, von Licht umflossen, als sei er die Morgenröte selbst — und ich starrte ihn an, sprachlos und beseligt, bis er verschwand.

Er war ein Wunder — nur etwas beunruhigte mich: es schien mir, daß er bucklig war.

Dann fand ich auch dafür ein Lösung, im Sinne meiner damaligen Einstellung: das Wesen war eine Projektion meiner eigenen Psyche, oder vielmehr eines Teils von mir, des Bildes des Puer aeternus, das lichtvoll, aber mißgestaltet war.

Viel später begriff ich, daß die Dinge in Wirklichkeit ganz anders lagen. Der Bote einer unbekannten Welt war zu mir herabgestiegen und das, was ich für einen Buckel gehalten hatte, war der Glorienschein des Engels.

Später sah ich öfters Engel in ganzer Gestalt, oder nur einen Kopf mit vollen Wangen und hellroten Lippen, oder andere, ausgesprochen männliche Gestalten mit zackigem, charaktervollem Profil.

Woher ich weiß, daß es Engel waren und nicht Menschen? Da gibt es ein untrügliches Gefühl, da spricht eine süße, leise Stimme in unserer Brust. Die Botschaft bricht in uns herein wie ein Blitz. Licht, Farbe, Form, Duft und Sinn sind zu einer vollkommenen Einheit verschmolzen, die mit nichts Irdischem zu verwechseln ist.

Noch eins: Solch ein Wesen taucht auf und verschwindet, es erscheint als das Flüchtigste, als das Vergänglichste vor unserem Blick — dennoch ist man gewiß, daß es unzerstörbar, daß es unvergänglich ist.

Aus meinem Tagebuch

19. Mai 1955

Ein großer Engel, golden, steht plötzlich da. Er hat die Arme ausgebreitet wie ein schimmerndes Kreuz. Hinter ihm sind goldene Blätter, ein dichter Busch.

Er erschien als Antwort auf die innere Frage nach dem Sinn meines Suchens, mitten in geistigen Übergangskämpfen. Beim Notieren der Erscheinung, während ich versuchte, sie zu verstehen, war ich umhüllt von Wohlgeruch.

11. Juli 1955

Eine Tür öffnet sich — ein großer Engel steht da; wieder breitet er die Arme aus. Er ist großartig, hoheitsvoll, der Ausdruck ist streng. Er bringt einen Anspruch, eine Forderung.

18. Dezember 1955

Ein junger Engel ist gekommen, zart, fast noch ein Kind. Er lächelte. Vorher hatte ich zum ersten Mal einen schwebenden Engel gesehen, weit weg, unter einem Torbogen.

21. Oktober 1956

Vor dem Einschlafen habe ich den Kopf eines Engels gesehen, so rein, so ernst, so verklärt, ein Wunder. Es gibt wirklich keine Worte dafür.

27. Oktober 1956

Der Kopf eines Engels taucht auf, sehr weiß, sehr hell. Er wird aus Lichtstrahlen gebildet.

Zwei große Engel kamen auf weißen Pferden herangebraust. Das war in einer Nacht, wo mich schwere Sorge um einen nahestehenden Menschen erfüllte.

31. Oktober 1956

Eine Gestalt erscheint unter einem Brückenbogen, ein hochgewachsener Mann, der langsam durch das Wasser schreitet. Er trägt etwas Helles auf seinem Rücken.

Es ist Christophorus, der einen Engel auf den Schultern trägt. Also der Mensch trägt den Engel, so wie einst Christophorus das Jesuskind von einem Ufer zum anderen brachte.

Alle diese Erscheinungen waren etwas überlebensgroß, mit deutlichen Konturen, von innen heraus leuchtend. Sie lösten eine unbeschreibliche Seligkeit aus.

Eines Nachts erblickte ich in den Welten einen kleinen blonden Knaben, in einem rosig-goldenen Licht. Er sah vertrauensvoll zu einem großen Engel auf, der in dem Garten neben ihm stand und zeigte ihm einen Strauß weißer Rosen.

„Wo hast Du die Rosen her, die Du so fest in der Hand hältst?“ fragte der große Engel.

Da deutete der Knabe in die Ferne — oder war es Tiefe — auf die Erde, da, wo sich an der Küste von Dänemark ein verlassenes Grab erhob. Diese Grabstätte war überwuchert von weißen wilden Rosen.

„Von dort her hast Du sie geholt, mein kleiner Bruder?“ fragte der Engel, und der Knabe nickte.

In diesem Augenblick wußte ich, daß dieser Engelknabe mein verstorbener Bruder Erich war. Er war ein Dichter und Abenteurer, unvergeßlich allen, die ihm je begegneten. Er fühlte, daß er früh sterben würde, und hatte seine junge Frau gebeten, weiße Rosen auf sein Grab zu pflanzen, das Grab nicht zu pflegen, damit die wilden Rosen es überwuchern könnten.

Die weißen Rosen, die er dem großen Engel reichte, hatte er von seinem eigenen Grab geholt. Damit zeigte er, daß er ein Engel, ein Bote war, der in allen Reichen zu Hause war. Er hatte in der höheren Sphäre seine wahre Essenz, die in seiner irdischen Existenz nur manchmal hervorgeleuchtet hatte, wieder rein verwirklicht.

Die Engelsubstanz, wenn sie sich in einem Menschen inkarniert, bleibt durch alle Existenzen erhalten — überhaupt immer das Eigentliche und damit das schicksalhafte Müssen.

Ein Dichter war immer ein Dichter, ein Seher immer ein Seher. Wenn Hans Sachs Schuhmacher wird in einem seiner Leben, so bleibt er dennoch ein Dichter. In einer armseligen Kartenlegerin steckt vielleicht die Hexe von Cumae.

Wie viele Menschen sind unglücklich, weil sie ihren eigentlichen Kern, ihr wahres Talent, nicht kennen und darum nicht verwirklichen! Im Rückblick auf die eigenen vergangenen Existenzen können wir feststellen, daß etwas Unvergängliches die Perlen der vielen Leben zusammenhält, eine Begabung, eine Sehnsucht, vielleicht nur ein dunkler Drang.

Zur Geschichte meines Bruders kommt mir folgende Erinnerung: ich befand mich in einem kleinen Badeort in Süddeutschland, als ich die Nachricht von dem plötzlichen Hinscheiden des Sechsundzwanzigjährigen bekam. Er hatte sich bei einem Rettungswerk im Hafen von Helsingoer eine Lungenentzündung geholt und war nach drei Tagen an Herzschwäche gestorben.

Ich trat aus einer Kirche auf den Platz. Plötzlich sah ich den Himmel offen und farbig, riesengroß eine Szene, die mich an Raffaels „Schule von Athen" erinnerte. Ich war überwältigt, brachte aber diese Vision nicht mit dem Tode meines Bruders in Verbindung. Heute glaube ich, daß dieses mächtige Bild eine Botschaft war: mein Bruder lebte, er war eingegangen in ein Reich des Geistes und der Kunst.

GIOVANNI BELLINI

Der Erzengel Gabriel

GIOVANNI BELLINI

Flötenspielender Engel

XII

UMGANG MIT AUSSERSINNLICHEN ERSCHEINUNGEN

Wie sie festhalten, was tun, um sie nicht zu verscheuchen, wie s e i n , um dem Unnahbaren nahe zu sein?

Es ist nie vorauszusehen, ob ein himmlisches Wesen wiederkommt. Da hilft alles Herbeisehnen oft nichts, man muß sich an das Einmalige halten.

Manche Erscheinungen stehen gewiß in einem inneren Zusammenhang mit unserer seelischen Entwicklung. Wir dürfen aber nicht vergessen, daß selbst die großartigste Erscheinung nicht den Endpunkt einer menschlichen Entwicklung darstellt. Das wird dadurch deutlich, daß in der Nacht darauf ein höchst banaler Traum auftauchen kann, der dem Träumer unabweislich seine Unvollkommenheit vor Augen führt. Wir können uns an der Erscheinung gewissermaßen „emporranken“, wir s i n d sie nicht.

Aus meinem Tagebuch

In einem Schweizer Bauernhaus in den Bergen

5. September 1957

Heute früh im Erwachen eine Erscheinung, lebensgroß, in voller Gestalt. Zuerst war das Wesen einfach menschlich, die Farben gedeckt, ohne Licht. Dann wandelte es sich und wurde immer leuchtender.

Es war eine weibliche Figur, klein, eher untersetzt, sehr schlicht. Es war keinesfalls die Madonna. Auch kein Engel. Es war kein Mensch — oder richtiger: es war ein Mensch, der sich verklärte.

Plötzlich wußte ich: es war Bernadette.

Das arme Kind aus dem unheimlich schwarzen Haus in Lourdes, dem die Muttergottes erschien, das tapfere Kind, das an die göttliche Erscheinung glaubte, gegen alle und alles. Ich hatte die kleine Bernadette immer lieb gehabt, eben um dieser Glaubenskraft willen. Dann fiel mir ein: ich hatte kürzlich an sie gedacht, ja, ich hatte flüchtig geplant, nach Lourdes zu pilgern, hatte dann aber diesen Gedanken halb lächelnd fallen lassen.

Es war Bernadette.

Sie war so strahlend, so glücklich, etwas bäuerlich mit ihrem dreieckigen Schultertuch und ihrem Käppchen, fast kindlich und naiv. Nur ihr Blick war eigentümlich durchdringend und reif.

Kam sie, mich nach Lourdes zu rufen? Später verwarf

ich diesen Gedanken. So einfach lagen die Dinge nicht. Aus welchem Grunde kam Bernadette zu mir? Daß es sich keinesfalls um einen Traum handelte, sondern um eine echte Erscheinung, stand über allem Zweifel. Dieses Licht, diese Plastizität, diese Realität haben Träume nicht.

Sie war fort. Bei längerem Versenken in die Erscheinung, die sich in mein Gedächtnis auf immer eingegraben hatte, fühlte ich, daß das Gewicht auf der V e r - w a n d l u n g lag. Bernadette wurde verklärt, sie ähnelte einem Engel. Aber es war deutlich erkennbar, daß sie der Mensch Bernadette, kein Engel war. So gab es also auch das. Aber diese Verklärung war etwas anderes, als die Verwandlung meiner Mutter, — es war etwas Heiliges dabei. Es wurde mir gezeigt, wie aus der irdischen Dumpfheit und Schwere ein lichtes Himmelswesen entstand. Es war, als ob eine Blume sich öffnete, eine jener Alpenblumen, die ein graues Kleidchen tragen, ein wolliges Cape, daß sie unscheinbar macht, und aus dem sich eines Morgens die wunderbare Blaublüte hervorhebt.

Und doch war es anders: Bernadette erstrahlte von innen her, in ihrer wahren Natur, in ihrem geistigen Licht. Diese Verklärung wurde mir offenbart. Auf die Verwandlung von Fleisch in Geist kam es an, — nicht auf dasjenige, das ich etwa unternehmen sollte. Meine erste Deutung war zu klein, zu ichbezogen, zu menschlich. Mir blieb nicht anderes, als zu danken.

Und doch — und dennoch! Bernadette ist mir noch einmal erschienen, einige Wochen darauf, in Paris. Sie war dieses Mal in ihre Nonnentracht gekleidet, sie sah ernst und traurig aus und verdeckte ihr Gesicht, Mund und Kinn mit ihrem Schleier. Sie war offenbar unzufrieden mit mir, sie verhüllte ihr Gesicht.

Eine streng katholische Freundin, der ich von den beiden Erscheinungen berichtete, riet mir, in Paris eine Klosterkapelle aufzusuchen, die der Muttergottes geweiht sei — denn auf s i e käme es doch an, nicht auf die persönliche Bernadette. Dort sei übrigens der Leichnam von K a t h a r i n a L a b o u r é als Reliquie aufbewahrt, jener Nonne, der die Hl. Jungfrau erschienen sei. Ich entschloß mich sofort: „Ich werde hingehen."

Ich konnte aber erst am folgenden Tage die Kapelle aufsuchen, die meine Freundin mir nannte und deren Vorhandensein mir unbekannt war.

Vorher, als ich mich zu Hause etwas ausruhte, erschien vor mir eine a l t e N o n n e, die mir freundlich zulächelte, als wolle sie mir sagen, alles sei doch nicht so schlimm, ich solle nur tun, was ich im Sinn hätte. Ich rief sofort meine Freundin an, sagte, ich hätte wieder etwas höchst Sonderbares erlebt und fragte, ob ich sie nach dem Besuch der Kapelle treffen könne. Ich erwähnte aber nichts von der Erscheinung der alten Klosterfrau.

In der Kapelle betrachtete ich den Glasschrein mit dem Leichnam der Katharina Labouré. Ich fand die

Reliquie außerordentlich gut erhalten, erstaunlich jugendlich, die Hände entzückend, in der Haltung der Dürerhände, aber der Anblick berührte mich nicht.

Ich gehe weiter — und bekomme einen Schock. Da steht ein zweiter Schrein, links vom Altar, von dem mir nichts gesagt worden war, und darin liegt — die alte Nonne, die mir erschienen war.

Hatte sie mich in ihr Kloster gerufen, dessen Gründerin sie gewesen war, und zwar im sechzehnten Jahrhundert, wie ich nun erfuhr?

Als ich meiner Freundin das Ereignis mitteilte, noch aufgewühlt von der Erfahrung, war ich umhüllt von Duft. Ich war erschöpft, von dem Erlebnis mitgenommen, und wollte das Niederschreiben auf den folgenden Tag verschieben — die Duftwellen aber waren so stark, so andauernd und gebieterisch, daß sie mich zwangen, das Erlebte ohne Zögern festzuhalten.

Ich habe die alte Nonne sofort erkannt. Es waren dieselben markanten, faltigen Züge — und doch, welch ein Unterschied zwischen dem wächsernen Angesicht im Schrein und dem lebensvollen, lächelnden Antlitz voller Liebe, das mir erschienen war.

Wir sehen, es gibt ein geheimes Netz seelischer und geistiger Beziehungen zwischen Engeln, Heiligen und Menschen und zwischen den Menschen untereinander, jenes unsichtbare Gespinst, das auch die übersinnlichen Erlebnisse mit einschließt.

Wenn wir „parapsychologische Erfahrungen“ suchen, ohne diesen inneren Zusammenhang zu realisieren, wo sollen die Erlebnisse denn herkommen? Aus dem menschlichen Intellekt bestimmt nicht, aus dem guten Willen auch nicht. Wir können das emotive, subjektive Element im Erlebenden nicht gering schätzen, oder gar ausschalten, wie das manche Parapsychologen gerne tun würden. Andere dagegen haben mir aus der Seele gesprochen.

So schreibt Georg K r ö n e r t, ein parapsychologischer Forscher, der zugleich protestantischer Theologe ist: „Die Parapsychologie weiß ja um das ‚parapsychologische Myzelium‘, d. h. jenes dem Pilzgeflecht vergleichbare System unübersehbarer und unzählbarer, von Seelen zu Seelen bestehenden, außersinnlichen und außerkörperlichen Beziehungen, die natürlich auch von menschlichen Seelen zu außermenschlichen Geistheiten, also auch zu Gott bestehen können. Die Parapsychologie hat also die Umzäunung des ‚Nur-Menschlich-Immanent-Geistigen‘ ein für allemale durchbrochen und damit die große ‚Auflassung‘ vollzogen für die Einströmung, Einwohnung des Extrasubjektiv-Transzendenten in unser Sein. Es g i b t ein in das Diesseits einwirkendes Jenseits.“

Ein anderes Beispiel eines solchen geheimen Zusammenhangs sei noch angeführt, ein Erlebnis, das mehrere Monate vor den oben berichteten Ereignissen in Südfrankreich stattfand.

Ich hatte mit einem Priester über einige übersinnliche Erfahrungen gesprochen. Wir hatten einen guten geistigen Kontakt gehabt, und er hatte mir spontan gesagt, daß er mich fortan in sein Gebet einschließen würde.

Am nächsten Tag suchte ich — allein — einen von mir besonders geliebten Wallfahrtsort in den Bergen auf.

Wieder zu Hause angekommen, ruhte ich mich aus.

Da erschien vor mir lebensgroß, unsagbar holdselig, ein süßes, zartes Gesicht. Es hatte zuerst etwas Statuenhaftes, dann belebte es sich und lächelte. Ich wußte, es war Maria, die Muttergottes.

Darauf schob sich vor meinen Blick ein männlicher Kopf, ebenfalls lebensgroß — es war der Priester.

Es ging aus der Vision hervor, daß dieser Geistliche der Mittler zwischen der Erscheinung der Maria und mir selber war. Ich konnte aber auch — mit dem blitzschnellen Erfassen, das sich bei übersinnlichen Erfahrungen immer einstellt — deutlich spüren, daß zwischen der Substanz der Erscheinung der Maria und derjenigen des Priesters ein Wesensunterschied bestand.

Jedoch wie soll man diese Differenz beschreiben? Sie lag in der Dichte der Substanz, im Licht und im Ausdruck. Für die göttliche Lieblichkeit im Antlitz der Maria, für den Strahl der Liebe in ihrem Lächeln gibt es keine Worte.

Eben, indem ich versuche, die Erscheinung nicht nur zu notieren — das tat ich sofort — sondern sie zu erfassen, drängt sich mir auf, was sie bedeuten kann.

Der Priester hatte mir am Tag vorher von der göttlichen Liebe gesprochen, und ich hatte versucht, ihm zu folgen. Die Erscheinung der Muttergottes war eine Antwort von drüben, gewissermaßen eine himmlische Illustration.

Sie sprach nicht über die All-Liebe — sie war es.

Zum Schluß sei von einem Erlebnis berichtet, das mir lange Zeit undeutbar schien. Heute möchte ich versuchen, es in die Gesamtheit eines seelischen Geschehens einzuordnen.

Ich erblickte ein Haupt, das alle bekannten Ausmaße überstieg. Es war ein Antlitz mit menschlichen Zügen und doch hatte es etwas Mondhaftes oder Sonnenhaftes in seiner unermeßlichen Leuchtkraft und vollkommenen Rundheit. Das eine Auge war offen, das andere war unter dem gesenkten Lid verborgen. Dieses einzige Auge blickte mich an, dann schloß sich auch dieses Lid.

Gehörte dieses Antlitz Gott? Gab es denn Gott und hatte er ein Haupt?

Es war eine Vision, keine Erscheinung, oder aber es war ein Drittes, das ich nicht benennen kann. Auf keinen Fall handelte es sich um die Projektion eines inneren Bildes, eines Archetypus der Ganzheit. Was da erschien, hatte eine Existenz, die von der meinen unabhängig war, es stieg nicht aus menschlichen Tiefen empor, es war nicht mit mir verwandt. Es war etwas Absolutes. Es war.

Das Haupt war überlebensgroß, es hatte klar umrissene Formen, es erfüllte einen Raum. Merkwürdig war, daß es gewissermaßen neben mir auf dem Kissen lag und daß ich es dennoch sah, ohne den Kopf zu wenden. Es hatte also eine Gegenwart, die sich außerhalb unserer Raumverstellungen von „vorne" oder „seitlich" befand. Was vorging, war auch zeitlich abzumessen, es gab einen Ablauf, ein „Vorher" und ein „Nachher". Und doch vollzog sich dieser Ablauf außerhalb von unserer Zeit. Was ich erblickte, schien eine Konsistenz zu haben, und dennoch war es ungreifbar.

War es für etliche Sekunden zu Leben gewordener Geist? Untrennbar waren Form, Bewegung, Plastizität, Licht und Ausdruck. Das alles schmolz zusammen zu einem Sinn. Es stand über allem Zweifel, daß etwas Göttliches sich hier manifestierte. Dieses Haupt hatte in seinem Wesen nichts vom Menschen und auch nichts vom Tier. Hingegen hatte es kosmische Qualität.

Was aber bedeutete dieses Haupt? Es war ein Ganzes, eine lebendige Totalität. In seiner vollkommenen Rundung lebte jedoch eine Zweiheit: Ein Auge, das geschlossen und eines, das offen war. Dieses eine Auge blickte mich an, unergründlich, bis es sich wieder schloß.

War hier die Zweiheit in der Einheit ausgedrückt, die ‚Leben' erst ermöglichte? Plötzlich, nach Jahren, wird mir klar, daß jenes Bild die Antwort auf eine Frage war. Es erschien in einer Zeit geistiger Spannung, als die höheren Sphären sich öffneten und ich Welt und Überwelt, Geist und Stoff, Erde und Himmel als unvereinbare Gegensätze empfand.

Hier offenbarte sich die Einheit: das vollkommene Rund, der Sonnendiskus, das Göttliche, das alle Gegensätze einschloß: männlich-weiblich, Mond und Sonne, Tag und Nacht, das Oben und das Unten. Die coincidentia oppositorum, das Zusammenfallen der Gegensätze, ward hier Ereignis.

Ich hätte diese Vision wohl nicht empfangen, wenn ich die Frage nicht gestellt hätte. Die Antwort jedoch überstieg tausendfach die Intensität der Frage, so brennend diese auch gewesen war.

Am Morgen, nach der Niederschrift der Vision, im Erwachen, hörte oder fühlte ich die Worte: „Der Mann im Mond — Osiris“. Und der Name gerade dieses ägyptischen Gottes gab den Schlüssel zu dem esoterischen Gehalt der Vision.

Wir wachsen in einer jahrelangen Entwicklung in den Sinn eines derartigen Erlebnisses hinein. Entwurzeln solche Begegnungen den Menschen, oder stellen sie ihn in einen Zusammenhang, der dem diesseitigen Dasein einen neuen Lebenswert verleiht?

Im Traum und in der Vision, wie beim Empfangen einer Erscheinung, stoßen wir vor in Räume, die aber keine meßbaren Räume sind, wir erleben eine Zeit, die schneller abläuft, als unsere Uhrenzeit, ja, mehrere

Zeiten, die wir als nebeneinander oder übereinander geschichtet empfinden und dennoch als simultan.

Das Bemerkenswerte aber scheint mir zu sein, daß wir diese intellektuell unvorstellbaren Gegebenheiten in unserer Gefühlswelt voll erleben können, daß wir intuitiv und emotional an etwas teilhaben können, das sich unseren Begriffen entzieht.

Aus dem linearen Ablauf der Zeit werden wir hinausversetzt in das, was Adolf Portmann die „qualitative, nicht-räumlich, nicht dimensionale Innerlichkeit“ nennt. Wir stoßen vor in eine noch unbekannte Dimension der Freiheit.

In dieser Dimension ist der Seher, der Mystiker zuhause, er war es zu allen Zeiten. Für ihn ist es nicht schwer, dort Zugang zu finden, viel schwerer fällt es ihm, sich in der zeitgebundenen Wirklichkeit zurechtzufinden.

Was er aber tun kann und soll, ist, seiner Wirklichkeit vollen Glauben zu schenken. Damit kann er auch andere im Vertrauen an die Wahrheit ihrer Erfahrungen stärken. Denn dieses Vertrauen in das eigene Erlebnis, das einer überholten Ratio entgegengesetzt ist, tut uns bitter not. Die Gegenwart erfordert, daß wir die Welten, die durch die Wissenschaft entdeckt werden, mit warmem Leben erfüllen, um nicht seelisch in ein Nichts zu fallen, um den Umsturz des alten Weltbildes überhaupt ertragen zu können.

Die ungeheuerlichen Apparate, die den Fahrten auf

den Mond und dem Flug in immer höhere Sphären und Stratosphären dienen, sind sie nicht letzten Endes ein Ausdruck jenes Dranges nach Unendlichkeit, der auch den Seher, den Mystiker erfüllt? Dieser hat auf seine Weise Anteil an der neuen Weltsicht, die im Werden ist.

Bibliographie

René Alleau, De la Nature des Symboles, Ed. Flammarion 1958

René Allendy, Journal d'un Médecin Malade, Denoël Paris 1942

J. J. von Allmen, Vocabulaire Biblique, Delachaux et Niestlé S. A. Neuchâtel et Paris, 1954

Robert Amadou, La Parapsychologie, Denoël, Paris 1954

Marcelle Auclair, Bernadette, Ed. Bloud et Gay, 1958. La Vie de Ste. Thérese d'Avila, Ed. Du Seuil, Paris

Sri Aurobindo, The Life Divine, Pondichéry Press, India

Gaston Bachelard, L'Eau et les Rêves, L'Air et les Songes, Corti, Paris 1942 und 1943

Gaston Bachelard, La Psychoanalyse du Feu, Gallimard, Paris 1949

Georges Barbarin, L'Apres-Mort, le Grand Problème de l'Audelà, Lib. Astra, Paris 1951

Charles Baudouin, De l'Instinct à l'Esprit, Etudes Carmélitaines, Paris, Desclé et Brouwer, 1950

Raymond de Becker, Les Songes, Ed. Grasset, Paris 1958

Ernst Benz, Emanuel Swedenborg, Naturforscher und Seher, Verlag Hermann Rinn, München 1948

William Blake, Gesammelte Werke, Nonesuch Press, Bloomsberry 1927

Dr. Ed. Berthelot, La Réincarnation, Ed. Rosicruciennes, Delachaux et Niestlé, Neuchâtel et Paris 1949

André Bonnard, Les Dieux de la Grèce, Ed. Mermod, Lausanne

Jorge Luis Borges, Enquêtes, aus dem Spanischen ins Französische übersetzt von Paul und Sylvia Bénichou, Ed. Gallimard, Paris 1957

Com. Caslant, L'Eveil à la Vie, Ed. Adyar, Paris 1949

Jean Cocteau, Opium, Ed. Stock, Paris 1930

Henry Corbin, Terre Céleste et Corps de Résurrection, Eranos-Jahrbuch XXII, Rhein-Verlag, Zürich 1954
L'Imagination Créatrice dans le Soufisme d'Ibn'Arabi, Ed. Flammarion 1958

Dante, Die Göttliche Komödie, übersetzt von Gildemeister, Cotta'sche Buchhandlung, Stuttgart und Berlin 1921

Jean Daniélou, Les Anges et leur Mission, Ed. Chevetogne, Paris 1953

Marie Delcourt, Hermaphrodite, Mythes et Rites de la Bisexualité dans l'Antiquité classique, Presses Universitaires de France, Paris 1958

Robert Desoille, Le Rêve Eveillé, Presses Universitaires, Paris

Dionysios Areopagita, Die Hierarchien der Engel und der Kirche, Otto Wilhelm Barth Verlag, München 1955

J. W. Dunne, Nothing Dies, An Experiment with Time, Faber & Faber, London 1940

Dokumente Religiöser Erfahrung, Begegnung mit Engeln, Otto Wilh. Barth Verlag, München 1956, ebenda, Das Herzensgebet

Karlfried Graf Dürckheim, Durchbruch zum Wesen, Max Niehans Verlag A.G., Zürich 1954

Mircea Eliade, Le Mythe de l'Eternel Retour, Ed. Gallimard, Paris 1949, Images et Symboles, ebenda

Sigm. Freud, Ges. Werke, im bes. Traumdeutung, Wien 1900

Jean Gebser, Urprung und Gegenwart, Deutsche Verlagsanstalt Stuttgart 1953

Roger Godel, Essais sur l'Expérience Libératrice, Préface de Mircea Eliade, Gallimard, Paris 1952

Johannes Greber, Der Verkehr mit der Geisterwelt, seine Gesetze und sein Zweck, 1937, Arthur Brunner, Münchhaldenstr. 9, Zürich

René Guénon, Les Etats multiples de l'Etre, Les Ed. Véga, Paris 1947

G. R. Heyer, Der Organismus der Seele, Verlag Lehmann, München

Homer, Odysee, neu übertragen von R. H. Röder, Insel-Verlag 1923

Guido Huber, Das Fortleben nach dem Tode, Origo Verlag, Zürich 1957

René Huyghe, Dialogue avec le Visible, Ed. Flammarion 1955

Aniela Jaffé, Geistererscheinungen und Vorzeichen, Rascher, Zürich 1958

Jolan Jacobi, Die Psychologie von C. G. Jung, Rascher, Zürich

C. Jinarajadasa, L'Evolution Occulte de l'Humanité, Ed. Adyar, Paris 1928

C. G. Jung, Ges. Werke, im besonderen: Gestaltungen des Unbewußten, Von den Wurzeln des Bewußtseins, Aion, Die Beziehungen zwischen dem Ich und dem Unbewußten, Rascher Verlag, Zürich

Synchronizität als ein Prinzip akausaler Zusammenhänge, in „Naturerklärung und Psyche", Rascher 1952

Karl Kerényi, Die antike Religion, Eugen Diederichs Verlag, Düsseldorf

Georg Krönert, Jesus in parapsychologischer Sicht, Neue Wissenschaft, 7. Jahrgang, Heft 2

Martin Lamm, Swedenborg, Verlag Felix Meiner, Leipzig 1922

L e a d b e a t e r , L'autre Côté de la Mort, Les Maîtres et le Sentier, Ed. Adyar, Paris 1949

Hans L e i s e g a n g , Die Gnosis, Alfred Kröner Verlag, Stuttgart 1955

André M a u r o i s , La Vie de Lord Byron, Ed. Grasset 1930, Ariel ou La Vie de Shelley, Grasset 1923

Gustav M e y r i n k , Der Engel vom Westlichen Fenster, Der Golem, Das Grüne Gesicht, Albert Langen Verlag, München

Henri M i c h a u x , L'Infini Turbulent, Ed. Mercure de France, 1957

Walter F. O t t o , Die Götter Griechenlands, Verlag Schulte-Bulmke, Frankfurt/Main, 1947. Die Musen, Theophania, Der Geist der Altgriechischen Religion, Rowohlt Verlag, Hamburg

Edgar Allan P o e , Lady Ligeia in: American Poetry and Prose by Norman Forster, Riverside Press, 1934

P. D. P a y n e & B e n d i t , The Psychic Sense, Faber & Faber, London

Maurice P e r c h e r o n , La Vie Merveilleuse du Bouddha, Ed. del Duca, Paris 1957

Rainer Maria R i l k e , Duineser Elegien, Insel Verlag

Arthur R i m b a u d , Illuminations, Ed. Mercure de France

Dr. Peter R i n g g e r , Parapsychologie, Werner Classen Verlag, Zürich 1957

Meine Erfahrungen mit Meskalin, Neue Wissenschaft, 7. Jahrg., Heft 2

Romain R o l l a n d , La Vie de Ramakrishna, Ed. Stock, Paris

Alfons R o s e n b e r g , Die Seelenreise, Otto Walter Verlag, Olten 1952

Michael und der Drache, ebenda 1956, Beitrag in: Begegnung mit Engeln, Otto Wilh. Barth, München

Dilip Kumar R o y , Among the Great, Jaico Publishing House, New York 1950

Denis S a u r a t , L'Expérience de l'Au-delà, Ed. La Colombe, Paris 1951

Victor Hugo et les Dieux du Peuple, ebenda 1948

Denis S a u r a t , The Christ at Chartres, London, J. M. Dent & Sons, Ltd.

M. S e n a r d , Le Zodiaque, Ed. De la Colonne Vendôme, Paris 1948

Giovanni S i e n a , L'Heure des Anges, Ed. La Colombe, Paris 1957

Joy S n e l l , La Mission des Anges sur le Plan Terrestre et dans l'Au-delà, Genève 1935

D. T. S u z u k i , Die Große Befreiung, Geleitwort von C. G. Jung, Kurt Weller Verlag, Leipzig 1939

W. Schroedter und W. F. Fischer, Der Dichter, ein Seher, Neue Wissenschaft, 7. Jahrg., Heft 4, 1958

Ania Teillard, Traumsymbolik, Rascher 1944, Zwiegespräche über Traum und Leben, Christian Wegner Verlag, Hamburg 1953

André Thérive, Clotilde de Vaux ou la Déesse Morte, Ed. Stock, Paris

Mgr. St.-X. Touchet, La Sainte de la Patrie, Lib. Lethellieux, Paris

Luisa Vestova, Giovanni Bellini, Collana di Monografie d'Arte, 1954

Paul Verlaine, Ges. Werke, La Pleïade, N. R. F. Paris 1957

Jeanne Villette, L'Ange dans l'Art d'Occident du 12. au 16. siècle. Thèse de doctorat présentée à la faculté des Lettres de l'Université de Paris, Henri Laurens, éd. 1941

Gerda Walther, Phänomenologie der Mystik, Otto Walter Verlag, Olten

Zwi Werblowski, Lucifer and Prometheus, Routledge and Kegan Paul, London 1952

Stewart P. White, The Betty Book, The Unobstructed Universe, E. P. Dutton & Co., Inc. New York

E. van de Winckel, De l'Inconscient à Dieu, Editions Montaigne, Paris 1959

Maria Winowska, Le Vrai Visage de Padre Pio, Lib. A. Fayard, Paris 1955

Matthäus Ziegler, Engel und Dämon im Lichte der Bibel, Origo Verlag, Zürich 1957

Heinrich Zimmer, Der Weg zum Selbst, Rascher, Zürich 1944

Zohar, The Book of Splendor, Selected and edited by Gershom Scholem, Schocken Library, New York 1949